高野十谷（出典：『高野町史　別巻　高野町の昔と今』より）

世界遺産マスターが語る

高野山

自分の中の
仏に出逢う山

尾上恵治

新評論

弘法大師空海、そして自分の中の仏に出逢う御廟への参道

まえがき

本書は、「和歌山県世界遺産マスター」の有志が企画、執筆、編集したものである。「和歌山県世界遺産マスター」（以下、マスター）とは、「紀伊山地の霊場と参詣道」が二〇〇四年に世界文化遺産に登録されたことを受け、和歌山県が独自に設けた認定制度のことであり、目下、一期生から七期生まで約一〇〇名のマスターが活動している。二〇一五年現在、わが国には一四か所の文化遺産と四か所の自然遺産があるが、その保全管理を担う都道府県で「マスター制度」を設けているのは和歌山県だけである。

「紀伊山地の霊場と参詣道」は、その名が示すとおり、紀伊半島にある和歌山・奈良・三重の三県にまたがっており、そのうち和歌山県が保全管理するエリアがもっとも広く、行政の運営だけでは目が行き届かない状態となっている。そのため、民間の有志を募って世界遺産への理解と認識を深めるとともに、「紀伊山地の霊場と参詣道」の管理保全を有効に保つことを目的に、二〇〇六年、この制度がスタートした。

マスターになるには、まず県の募集要項に従って応募し、研修会に出席し、難度の高いペーパーテストと面接に合格する必要がある。もちろん、県外の人でも受験できるが、定められた日時の研修会（二〜三日）への参加は必須で（補講はない）、これに出席しないと受験資格は得られない。

なぜ和歌山県は、こんなにも厳しい条件をもってマスターを育成するのであろうか。同じ文化遺産でも、この「紀伊山地の霊場と参詣道」は、たとえば姫路城のように一目でそれと分かる建造物ではない。また、今では広く知られている「熊野古道」や「高野山町石道」（第1章・第2章参照）もごく最近まで歴史に埋もれていた道でしかなく、一部の研究者のみが着目していただけであった。

調べれば調べるほど奥が深く、地元にとっても、その真価を理解している人は決して多いとは言えない状況であった。しかし、有史以前からの長い歴史に育まれ、自然に依拠し、神道・仏教・修験道という異なる宗教が共存して、日本文化の源泉にもなっているこの紀伊山地は、今や人類の宝として世界の人々に注目される地域となっている。

地元民の認識より世界遺産の認定が先んじたような感もあるが、世界遺産の保全は、言うまでもなく地元に暮らす住民の肩にかかっている。もし、保全が十分にされなければ認定を取り消されることもある。そうした不名誉な事態を避けるためには、地元の人たちが「世界遺産」と「紀伊山地の霊場と参詣道」を正しく理解し、その重要性を十分に認識する必要がある。そこでひとまず、地域住民の核となるような人材育成を図り、ゆくゆくは地域全体の認識を深めたい……というのが、マスター制度発足のきっかけとなった。

マスターに課された作業は、大きく分けて「保全」と「普及・啓発」の二つとなる。「保全」とは、古道の道普請をしたり、倒木や崖崩れがないか、世界遺産にふさわしくない状態になっていないかなど、エリアを見て回る作業である。一方、「普及・啓発」は、世界遺産・紀伊山地の霊場と参詣道について講演会を開催したり、課外授業で現地を訪ねる子どもたちに同行して解説・説明したりする作業となる。

しかし、それらはいずれも義務ではなく、個人の主体性に委ねられており、マスターは自分のできる作業を選んで自主的に参加・活動し、「和歌山県世界遺産センター」[1]に報告することになっている。センターはそれらの活動の概略をまとめて、マスター全員へネットなどの通信手段で知らせるとともに、問題点については地域の教育委員会などの関係機関へ連絡し、対策を促すこととなっている。

つまり、世界遺産センターはマスターからの情報を集約しているため、来訪者はここに問い合

（1）住所：〒647-1731　田辺市本宮町本宮一〇〇の一　TEL：0735-42-1044

わせれば、古道の最新情報を知ることができる仕組みとなっているわけである。オフィスは本宮大社のすぐ近くにあり、展示館や広い駐車場を備えて九時から一七時まで年中無休でオープンしているので、直接立ち寄って情報収集することも可能である。

ところで、二〇一一年の台風による大水害のあと、熊野古道の随所で崖崩れが起き、道が寸断されるなど通行が危ぶまれた。その際、各地域のマスターがいち早く見回り、次々と状況報告が世界遺産センターに寄せられたことによって安全確保が図られた。この活動こそ、マスターの大きな成果だったと言える。また、小中学生や高校生の世界遺産への関心が着実に高まっていることもあり、現地学習ではマスターによるガイドを要請する学校も増えてきている。この活動も、マスターの知識と経験が次第に信頼を高めてきている証と言えるだろう。

「マスター」の任期は三年で、任期満了時に県が行う講座へ出席すれば更新することが認められている。なお、こうしたマスターの作業に対して、県や地方自治体などからの経済的な支援はない。つまり、完全なるボランティア活動となっている。

マスターの年齢層は二〇代から七〇代までと幅広く、男女の比率は三対一ぐらいで男性のほうが多いのだが、世界遺産の精神に則り、こうしたボランティア活動に時間と労力を惜しまない地元民が増えていることを誇りに感じている。とはいえ、紀伊山地は広大で、マスター全員の力をもってしてもエリア全体に目を配ることはなかなかできない。コアゾーン（登録資産）の面積だけでも四九五・三ヘクタール、開発や観光などから登録資産を保護するために、その周辺に設けられたバッファゾーン（緩衝地帯）は一万二三七〇ヘクタールにもなる。東京ドームが四・六七五五ヘクタール、東京の山手線内側の面積が約六九〇〇ヘクタール、これら二つと比較して、その広さを想像していただきたい。

さらに、紀伊山地の霊場は自然と不可分なので、周囲の山や森、目の届くすべてがバッファゾーンと考えることもできる。加えて、嶮岨な地形の紀伊山地は自然災害の復興も容易なことではなく、先にも述べたように、二〇一一年の大水害などで残念ながら通行不能になってしまった古道もあるというのが現状である。

紀伊山地は、自然と人間の関係をさまざまな面から考えさせてくれる地域である。自然は絶えず変化を続けている。私たちマスターも、この世界遺産の地への理解と認識をさらに深め、より一層の情報交換を重ねていく必要があると思っている。

本書を出版したのも、マスターの自主活動の一つである。当初は、「紀伊山地の霊場と参詣道」を一冊にまとめて紹介しようという案が出されたのだが、多くの文献を調べ、紀伊山地全体を踏査しきるには膨大な時間と労力を要するため、思うように作業を進めることができなかった。そこで、ひとまず分冊にして「高野山」の紹介からはじめることにしたわけである。

高野山は、平安時代に弘法大師空海（七七四～八三五）が開創した仏教（真言密教）の一大聖地として歴史の教科書にも取り上げられるほど有名な霊山であるが、意外と、詳しい成り立ちや地理などについてはあまり知られていない。事実、真言宗徒であっても、関東以北に住んでいらっしゃる人は訪れたことがないという話をよく耳にする。

本書の解説を担当したのは、マスターの二期生である尾上恵治である。尾上は高野山在住で、神社・仏閣を対象とする「堂宮大工」の棟梁である。「高野山開創一二〇〇年」記念事業において「中門」再建の総責任者を務めたこともあり、かなり忙しいなかでの調査・執筆となった。しかしながら、尾上とともに本書の製作に携わった私たちは、作業を通して改めて高野山の真価と文化遺産としての重要性を学ぶことができた。

この企画によって、多くの方々に「世界文化遺産・紀伊山地の霊場と参詣道」を知っていただくことを願っているし、本書が自然に育まれた日本人の精神を後世に伝えるとともに、文化的景観の保全と活用の一助となることを心より願っている。

和歌山県世界遺産マスター1期生　小野田真弓
1期生　築山省仁
2期生　八幡能之

もくじ

まえがき（小野田真弓・簗山省仁・八幡能之）

第1章　高野のなりたち　3

平和の道　4
道は人を招く　6
空海が選んだ厳しい修行地　7
山上の結界　9
新しい神「ホトケ」　13
高まる仏教への依存　15
鳥居から大門へ　18

第2章　高野山への道　23

七つの登山口　24

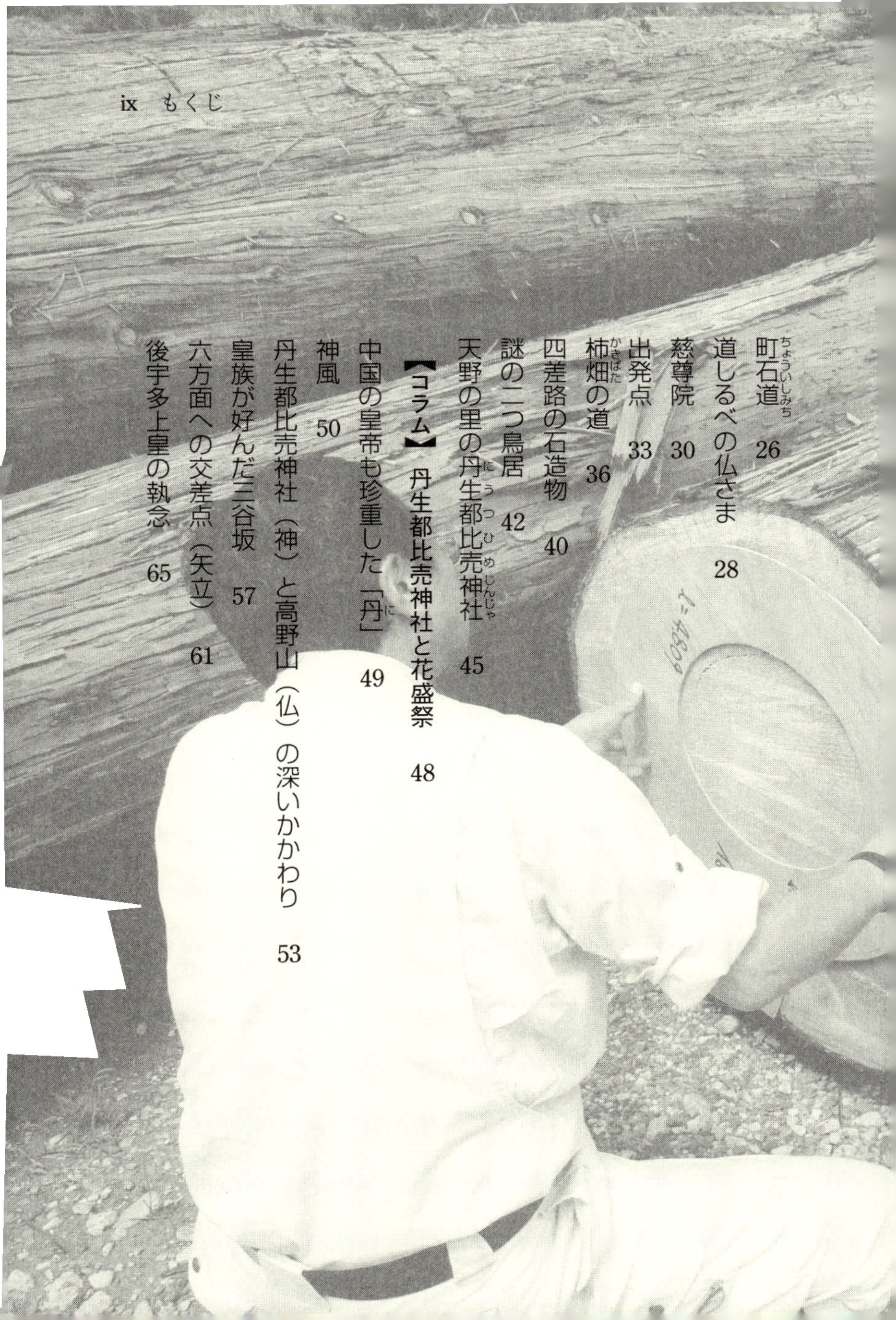

町石道《ちょういしみち》　26
道しるべの仏さま　28
慈尊院　30
出発点　33
柿畑《かきばた》の道　36
四差路の石造物　40
謎の二つ鳥居　42
天野の里の丹生都比売神社《にうつひめじんじゃ》　45
【コラム】　丹生都比売神社と花盛祭　48
中国の皇帝も珍重した「丹《に》」　49
神風　50
丹生都比売神社（神）と高野山（仏）の深いかかわり　53
皇族が好んだ三谷坂　57
六方面への交差点（矢立）　61
後宇多上皇の執念　65

いよいよ聖域へ　66
案内犬ゴン　71
空海の心に触れる道　72

第3章　待ち受ける伽藍　75

日本唯一の山内町《さんだいまち》　76
ホトケの町にも弁天信仰　78
かつて大きな湯屋があった　81
一町石《いっちょういし》を探そう　82
高野山そのものが金剛峯寺　84
浄土は極楽だけじゃない　85
中門の再建　88
平成の中門再建工事　94
焼失した金堂と本尊　106
御社《みやしろ》——空海が真っ先に手がけた建物　108

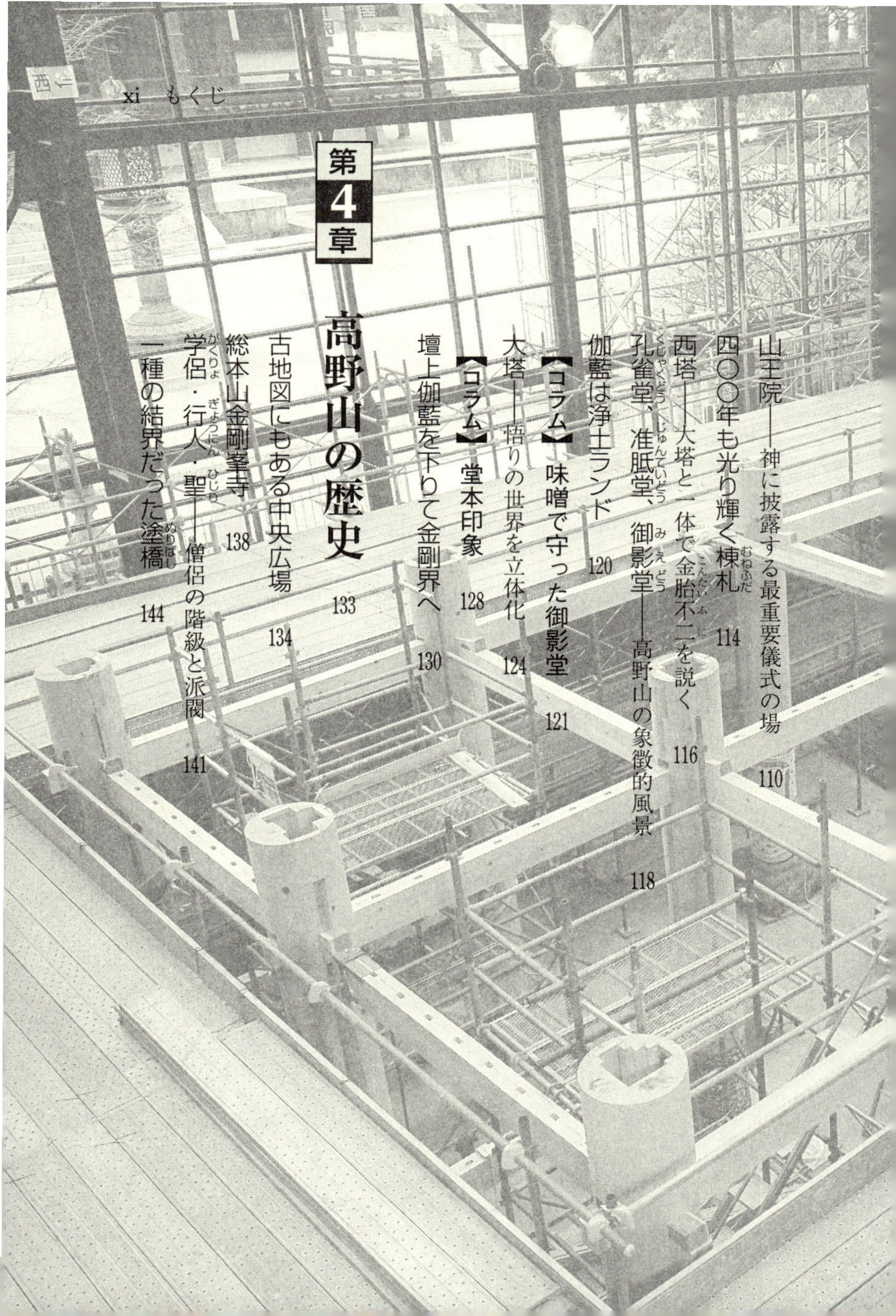

山王院――神に披露する最重要儀式の場 110
四〇〇年も光り輝く棟札《むなふだ》 114
西塔――大塔と一体で金胎不二《こんたいふに》を説く 116
孔雀堂《くじゃくどう》、准胝堂《じゅんていどう》、御影堂《みえどう》――高野山の象徴的風景 118
伽藍は浄土ランド 120
【コラム】味噌で守った御影堂 121
大塔――悟りの世界を立体化 124
【コラム】堂本印象 128
壇上伽藍を下りて金剛界へ 130

第4章 高野山の歴史 133

古地図にもある中央広場 134
総本山金剛峯寺 138
学侶《がくりょ》・行人《ぎょうにん》・聖《ひじり》――僧侶の階級と派閥 141
一種の結界だった塗橋《ぬりばし》 144

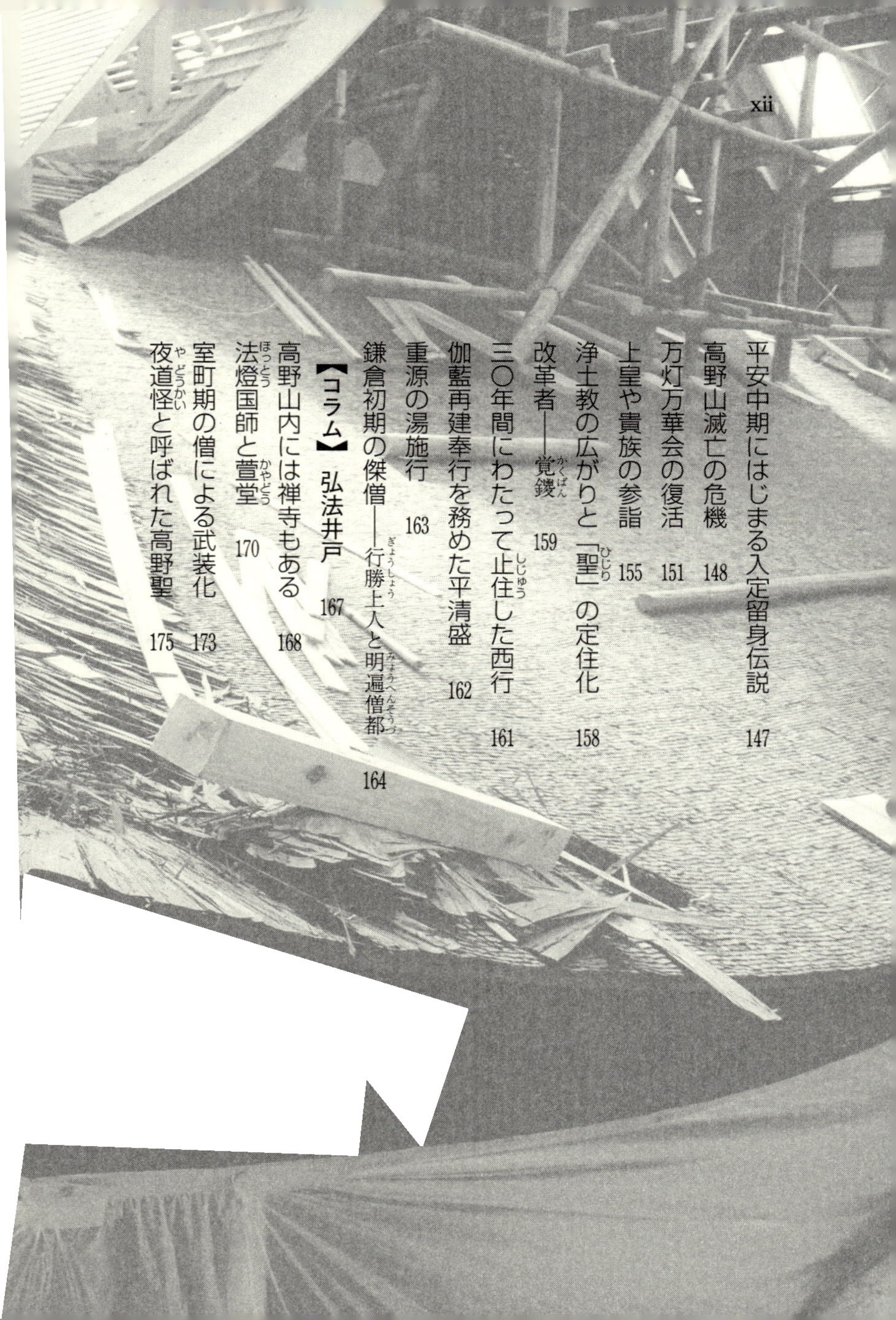

平安中期にはじまる入定留身伝説　147
高野山滅亡の危機　148
万灯万華会の復活　151
上皇や貴族の参詣　155
浄土教の広がりと「聖《ひじり》」の定住化　158
改革者――覚鑁《かくばん》　159
三〇年間にわたって止住《しじゅう》した西行　161
伽藍再建奉行を務めた平清盛　162
重源の湯施行　163
鎌倉初期の傑僧――行勝《ぎょうしょう》上人と明遍《みょうへん》僧都《そうづ》　164
【コラム】 弘法井戸　167
高野山内には禅寺もある　168
法燈《ほっとう》国師と萱堂《かやどう》　170
室町期の僧による武装化　173
夜道怪《やどうかい》と呼ばれた高野聖　175

【コラム】高野山専修学院　176
外国人宣教師が見た高野山　178
高野の応其《おうこ》と思うな、応其の高野と思え　181
徳川幕府がつくった檀家制度　184
厳しい戒め「山規」　187
【コラム】高野山にスキー場？　189
明治以降の激変——女人禁制の解除へ　190
高野豆腐と観光ブーム　192

第5章　奥の院へ　195

「三途の川」を渡って　196
キリスト教の碑もある大墓石群　197
あの世とこの世を分ける金の河　202
イコモス調査員を驚嘆させた「敵味方供養碑」　204
お大師様へ「精進カレー」をどうぞ　206

御廟橋の向こうは曼荼羅界　209
不滅の灯火　213
自分自身に、そして自分の中の仏に出逢う場所　214
【コラム】稲荷契約　216
御廟の屋根替え　217

■インタビュー　松長有慶高野山前管長（聞き手：小野田真弓）　222

■世界遺産と「紀伊山地の霊場と参詣道」（小野田真弓）　239

あとがき　247

参考文献一覧　250
高野山関連略年表　258
宿坊一覧　261
協力執筆者紹介　262

世界遺産マスターが語る高野山——自分の中の仏に出逢う山

第1章

高野のなりたち

御影堂と根本大塔

平和の道

「紀伊山地の霊場と参詣道」は、二〇一四（平成二六）年、世界遺産登録一〇周年を迎えた。年々その登録数は増えており、二〇一五年現在、世界中ですでに一〇〇〇件を超えている。しかし、そのなかで「道」そのものが世界遺産に指定されているものはわずかに六件[1]でしかなく、二〇一二年まではサンティアゴ・デ・コンポステーラの巡礼路と紀伊山地の参詣道のみであった。近年、指定が増加しはじめたのは「文化を運ぶ道」そのものの価値がイコモス[2]によって再評価されたからだと考えられる。

たしかに、「道」は異なる地域をつなぎ、文化を伝播して地域住民と融合し、固有の文化が花開くという点で文化遺産になる要素は大きいわけだが、歴史を振り返ってみると「平和の道」ばかりではなかったことも明らかである。たとえば、サンティアゴ・デ・コンポステーラは、キリスト教圏の人々にとっては聖なる祈りの道であるが、イスラム教圏の人々にとっては十字軍の侵入の道になるというパラドックスを抱えている。

地元贔屓と思われるかもしれないが、その点「紀伊山地の霊場と参詣道」は、熊野の神道、高野の仏教、吉野の修験道という異なる宗教の地を結びつなぎながら一二〇〇年にわたって争うことなく存続し続けてきた、日本人として世界に発信すべき誇らしい「平和の道」と言えるのではないだろうか。

高野山は、インドで発祥し、中国で熟成され、日本で昇華した仏教の一大聖地である。はるかシルクロードを経て日本に到来した仏教が、弘法大師空海という天才によって民衆に広まり、ここ高野山でいかに日本人の心のよりどころとなっていったかの一端を、高野山の歴史とともに本章でお話していきたい。

（1）二〇一四年現在、「サンティアゴ・デ・コンポステーラの巡礼路」（スペイン、一九九五年）、「フランスのサンティアゴ・デ・コンポステーラの巡礼路」（フランス、一九九八年）、「紀伊山地の霊場と参詣道」（日本、二〇〇四年）、「イエス生誕の地：ベツレヘムの聖誕教会と巡礼路」（パレスチナ、二〇一二年）、「カパック・ナン：アンデスの道」（アルゼンチン、ボリビア、チリ、コロンビア、エクアドル、ペルー、二〇一四年）、「シルクロード：その始まりの区間と天山回廊の交易網」（中国、カザフスタン、キルギスタン、二〇一四年）となっている。

（2）国際記念物遺跡会議（ＩＣＯＭＯＳ：International Council on Monuments and Sites）。文化遺産保護にかかわる国際的なＮＧＯで、一九六四年にユネスコの支援を受けてヴェニスで開かれた第二回歴史記念建造物関係建築家技術者国際会議で、記念物と遺跡の保存と修復に関する国際憲章（ヴェニス憲章）が採択されたことを受けて、一九六五年に設立された。

道は人を招く

日本の庶民にとって「旅」というものが定着するのは、街道や宿などが整備された江戸時代の中期以降とされる。各藩の境界には関所が設けられ、道中手形なしには通ることができなかった。テレビドラマなどで見られるように山賊や夜盗が横行する場所も多く、現在のように気軽に旅をするなどとはとても言えない、むしろ「命がけ」のものであった。それでも人々は、江戸時代のはるか以前から大きな喜びをともなって旅に出たという。

路銀《ろぎん》（旅費）は、多くの場合、村落の共同出資による「講《こう》」によって賄われ、その代表者になることで旅ができた。つまり、中世の「旅」とは、私的なものというよりは所属する村落を代表しての、神仏への参詣こそが目的であったわけである。

高野山大学の図書館に、『高野山秘記』という一四三〇（永享二）年の写本が現存している。高野山および弘法大師に関する秘説・口訣をまとめたもので、鎌倉時代の高野山の学僧道範《どうはん》（一一七八〜一二五二）とその周辺の僧によって集成された本である。そのなかに、「一度参詣高野山無始罪障道中滅」という一節がある。その意味は、高野山に一度でもお参りすれば、果てしない過去からの罪も道中ですべて消滅するということである。この一節が、広くかつ固く信じられてきている。

伊勢神宮でも七度、熊野三山でさえも三度参らねば功徳《くどく》が足りないとされていたにもかかわらず、高野山はただ一度参るだけですべての罪が許されるという約束の地であった。高野山――そこはいったいどんな所だったのだろうか。

空海が選んだ厳しい修行地

高野山では、弘法大師空海自身が残した次の言葉がよく知られている。

「空海、少年の日、好んで山水を渉覧《しょうらん》せしに、吉野より南に行くこと一日、さらに西に向かいて去ること両日ほどにして、平原の幽地あり。名づけて高野という。計るに紀伊の国、伊都の郡の南に当たれり。四面高嶺にして、人蹤蹊《じんしょうみち》絶えたり」

『続遍照発揮性霊集補闕抄（巻第九）』(3)に書かれている一節であるが、八一六（弘仁七）年、高

（3）　空海の漢詩文を弟子の真済（八〇〇〜八六〇）が編纂した『遍照発揮性霊集』（『性霊集』ともいう）全一〇巻のうち八・九・一〇の三巻が散逸したため、一〇七九年に済暹（一〇二五〜一一一五）が新たに編纂して補ったもの。復元ではなく、八〇四〜八三四年までの空海の文集が収められている。

野山を真言密教の根本道場とするために、時の帝である嵯峨天皇（七八六〜八四二・第五二代）に高野山下賜《かし》を上奏したときのものである。簡単に言えば、「修業の地として高野山をください」ということである。吉野が起点になっているのは、当時、すでに吉野大峯の山岳修験道ルートが成立しており、そこからさらに山中に分け入った人跡未踏の地であると強調することで、厳しい修行の地として、また真言密教の聖地として、高野山の性格を際立たせたものと思われる。

それから約一二〇〇年、交通機関が発達し、大阪・難波から電車あるいは車を利用して二時間ほどで登れるようになったが、立地条件は当時のままである。紀伊半島のほぼ真ん中、標高一〇〇〇メートル級の山々に囲まれた、東西約七キロ、南北約三キロの山上の盆地が高野山である。

高野山を取り巻く山々は、現代では「高野三山巡り」として知られている摩尼山《まにさん》（一〇〇四メートル）、転軸山《てんじくさん》（九三〇メートル）、楊柳山《ようりゅうさん》（一〇〇八・五メートル）であるが、「外八葉、内八葉」と蓮の八葉（花弁）にたとえられている。その中心、浄土を象徴する蓮の花にあたる場所こそが高野山なのである。つまり、高野山とは一つの山の頂きを言うのではなく、山々に囲まれたゾーンの名称であり、その範囲は空海が結界を張った七里四方に及ぶとされている。

しかし、人跡未踏の山中に修行道場があるというだけでは、その修行がいかに厳しくとも一回の参詣ですべての罪が許される、いわば「この世の浄土」にはなり得ない。また、高野山の奥の院には、戦国大名二五〇余のうち過半数にあたる大名家が墓を築いているほか、二〇万基とも三

○万基ともいわれる墓石群があり、「天下の総菩提所」としても知られているわけだが、いったい何故、そんなにも多くの墓がこの山中に造られることになったのだろうか。そんな疑問を解明するために、実際に高野山を歩きながら一二〇〇年の歴史を探っていくことにする。

山上の結界

もともと、空海が高野山を開創した目的は、先に挙げた一節に「上は国家の奉為《おんため》に、下はもろもろの修行者のために」とあることから、まずは国家の平和を希求し、さらに真言宗僧侶の教育の根本道場を造ることを求めていたことが分かる。ちなみに、この当時の「国家」という概念は現代より意義が広く、国土である環境世界はもとより、そこに住まう生きとし生ける一切の衆生を含むものである。

空海のさまざまな活動の一つとして、一般庶民への教育や各種学芸の総合教育を目指した綜芸《しゅげい》種智院《しゅちいん》の設立をはじめ、それまで貴族だけのものであった仏教を庶民に広げた功績というものがよく知られている。しかし当時は、平安京つまり都を中心にしてのものであったため、高野山自体は純粋に鎮護国家を祈る場所、および修行の場として開創された。

もちろん、人材育成をしたうえで、万民豊楽が意図されていたことは言うまでもない。現在でもその開創の目的は守られているが、それでは、いつごろ、どうやって「この世の浄土」、そして「天下の総菩提所」という概念が加えられたのだろうか。

九度山の慈尊院[4]から町石道《ちょういしみち》[5]を登ること一七三町（約一八キロ）、高野山の西端（高野山駅からは約二キロ）、標高一〇〇〇メートル近い山中に天空から舞い降りたかのごとく巨大な大門が現れる。まさにそれは聖と俗を分ける結界である。正面の桁行（間口）が二一・四メートル、梁間（奥行）が七・九メートル、高さは二五・一メートルとなっており、八階建てのビルに相当する、日本でも最大級

偉容を誇る大門

の偉容を誇る門である。一山の総門としての壮大さに、思わず心を打たれてしまう。

ちなみに、現在の大門は落雷などによる三度の焼失を経て、一六九七（元禄一〇）年から七年余の歳月をかけて一七〇五（宝永二）年に再建されたもので、重要文化財に指定されている。余談だが、赤穂浪士の討ち入りが一七〇三（元禄一五）年なので、ちょうど一層目が組み上がったころだったと思われる。

それにしても、修行の地のシンボルとしてだけで、このような山中にこれほどまでに巨大な「門」が必要だったのかという素朴な疑問も湧いてくる。門の両脇には、慶派[6]の流れをくむ仏師、康意による「阿形像」と、法橋運長による「吽《うん》形像」の二体の仁王像が睨みをきかせており、修行を妨げる邪悪の入山を拒んでいる。これも少々ひねくれた目で見ると、修行者にとってはいささ

（4）八一六（弘仁七）年、弘法大師が高野山開創に際し、高野山参詣の要所にあたるこの地に表玄関として伽藍を草創し、庶務を司る政所として、また高野山への宿所や冬期の避寒修行の場所とされた。住所：〒648−0151　和歌山県伊都郡九度山町慈尊院８３２　TEL：0736−54−2214

（5）高野山への道標として、一町（約一〇九メートル）ごとに「町石《ちょういし》」と呼ばれる高さ約三メートル強の五輪卒塔婆形の石柱が建てられている。第2章にて詳述する。

（6）鎌倉時代の代表的仏師の流派。運慶、快慶など「慶」の一字を号に用いた仏師が多かったことに由来する。南北朝時代以降は「康」の字が多く使われるようになった。

か過剰な演出のようにも思えてしまう。

実はこの大門、空海が高野山を開創した当時は鳥居だったという。建立された場所も、町石道を八町石まで登り切ったときに目に飛び込んで来るような現在の高台ではなく、数百メートル下の九十九折《つづらおれ》谷《だに》と伝えられている。

仏教の地なのに何故結界が神道の鳥居なのか……という疑問が浮かぶかもしれない。空海の時代は、結界と言えばそれは鳥居であった。空海の入定後、三〇〇年以上を経た一一四一（永治元）年になって鳥居から門に変更され、さらに一二三〇（寛喜二）年に現在の様式である五間二階の楼門に改められたという記録が残っている。ただし、この二重門形式こそが神仏混淆《こんこう》を表す様式なので、結界の役目としての矛盾はない。

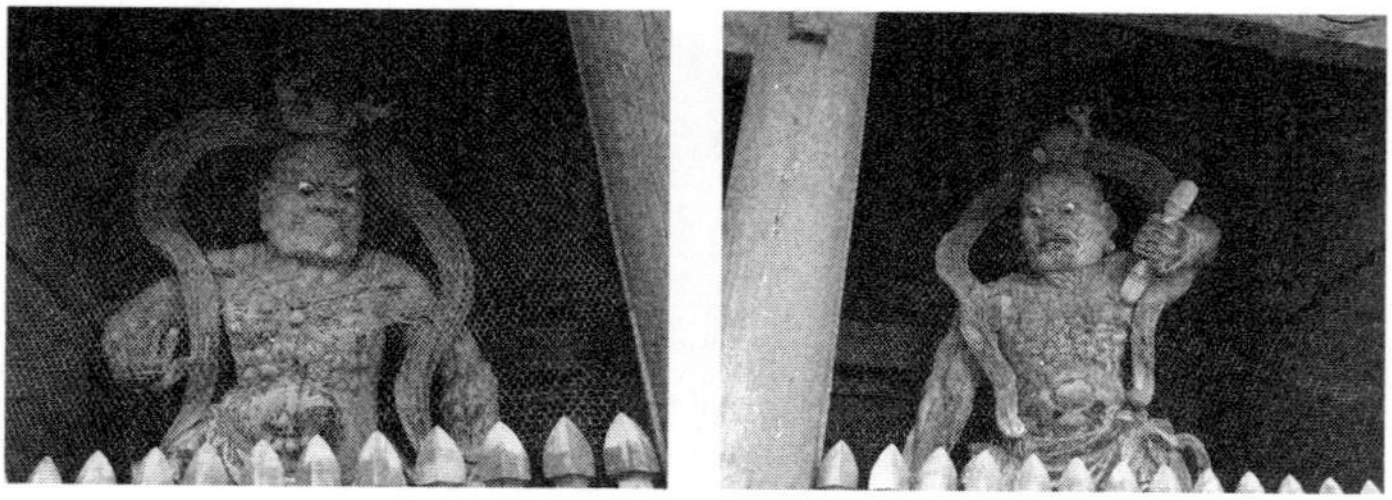

邪悪の入山を拒む吽形像（左）と阿形像（右）

新しい神「ホトケ」

ここで、日本の仏教史を振り返ることで「神」と「仏」の関係について考えてみたい。そもそも仏教が日本に伝来したのは、六世紀ごろ（飛鳥時代）と言われている。それまでにも渡来人たちが私的に崇拝していたことを考えると、もう少し時代はさかのぼるのかもしれない。

公的な、つまり古代日本（倭）と百済《くだら》という国家間での交流としての伝来（公伝）となると、『日本書紀』を根拠として、五五二（欽明天皇一三）年に百済の聖明王により釈迦仏の金銅像と経典・仏具などが献上されたとする説が有名である。しかし、近年の研究では『上宮聖徳法王帝説』（聖徳太子の伝記）を根拠として、五三八（宣化天皇三）年とする説のほうが有力となっている。

当時は、朝鮮半島が百済、高句麗、新羅の三国に分かれてせめぎあうという時代であり、百済の聖明王は倭国に援軍の要請を行うなかで、仏教を「宗教」というよりは、むしろ新しい「文化・文明」として倭国に伝えることで交流を深め、政治的に利用したのではないかと推測される。一方、古代日本（倭）では、蘇我氏と物部氏の勢力争いが表面化した「崇仏論争《すうぶつろんそう》」を経てこれを受け入れている。

『日本書紀』によると、欽明天皇（五〇九?～五七一?・第二九代）は初めて仏像を見たとき次のように言ったとされる。

「西蕃《にしのとなりのくに》の献《たてまつ》れる仏《ほとけ》の相貌《かお》端厳《きらぎら》し、全《もは》ら未《いま》だ曾《かつ》て有《あら》ず、礼《うやま》ふべきや不《いな》や」（坂本太郎ほか校注『日本書紀（三）』岩波文庫）

要するに、西の隣国から献上された仏の顔は光り輝き眩しく、いまだかつて見たことのない美しさである。これを敬うべきかどうか、と群臣に問うたわけである。

「偶像崇拝の禁止」は、大方の宗教に共通する原理である。つまり、主体である神より人間がつくった物体を崇拝することになりやすいからである。仏教もまたその例にもれず、当初は像を刻むことを禁じていた。しかし、礼拝する対象を具体的なものに求めるのも人間に共通した願望であるので、まず足跡だけでもと、釈迦の足形をかたどった石を「仏足石」として拝するようになった。

一度具象化してしまうとその流れを止めることができず、やがてさまざまな仏の姿がつくられるようになった。本末転倒だが、仏像がつくられるようになったせいで新たな信仰が獲得しやすくなり、経典とともに各地に急速に伝播していくことにもなった。その荘厳さを強調するためであろう、古代日本に伝来したころにはすでに金メッキが施されており、まさに「端厳《きらぎら》しい」形態を見せていた。

欽明天皇はその像にこそ仏の威光を感じたわけで、本来の教義からは少し外れているのだが、西からもたらされた「蕃神《あだしくにのかみ》」（仏）の豪華さに心を奪われてしまったのであろう。

　当時の日本には、土着の原始信仰としての「古神道」があり、それは当然のことながら精霊信仰から発した多神教だったため、新たに登場した「蕃神」も「西からやって来たカミの一つ」として受け入れられやすかったと思われる。

「蕃」にはよそ者的な侮蔑の意味も込められているが、他国から来たものを一段低く呼ぶ感覚もまた世界共通のもので、古くは中国が周囲の国を「東夷」「西戎」「南蛮」「北狄」と呼んだように、古代日本でもこの新しい「カミ」の一つである「ホトケ」を最大限に尊んだわけではなく、それまでにない未知の力に期待したということであろう。

高まる仏教への依存

　一方、仏教をまったく歓迎しなかった代表が、それまで「古神道」の祭祀にあたっていた物部氏や中臣氏である。先述したように、仏教推進派である蘇我氏との間に「崇仏論争」が巻き起こることになる。ただし、物部氏自身、私的には仏教を崇拝していた痕跡も見つかっており、「崇仏論争」は仏教を口実にした蘇我氏と物部氏の勢力争いであったと見るほうが理解しやすい。

この争いは、やがて蘇我氏が物部氏を滅亡させたことで決着し、推古天皇（五五四～六二八・第三三代）の時代には「仏教興隆の詔《みことのり》」が出され、各地で寺院が盛んに建てられ、一般民衆にも徐々に受け入れられていくことになった。ただ、民衆への普及については、皇室のような仏像に対する崇拝よりも先祖供養の要素が大きかったと思われる。「葬儀」に関して、仏教が非常に洗練された手段をもっていたからである。

「人の死」をどのように考えて対応するかは、古代日本の古神道でも重大なテーマであり、「殯《もがり》」も行われていた。原始時代は死体をそのまま放置していたわけだが、知能の進化とともに自我が芽生え、観念的な思考をするようになった結果、「死んだあとはどうなる？」という根源的な疑問が発生しはじめ、死体の処分について用意されたのが「死体を安置し、白骨化を見守る」という殯であった。当初は、死体の周りに垣などを造っていただけだったが、次第に石室などに発展していった。

さらに、魂の行く末としてさまざまな異界が想像もしくは創造された。死体が吸収されていく経緯から、土の下にあると考えられた「黄泉の国」や、再生の象徴である海の果ての「ニライカナイ」などである。もちろん、「山」も魂が行く所として神聖視された。つまり、土も海も山も、死と再生の象徴だったのである。その異界に行った先祖が年月を経ることで新しく神となり、一族郎党を守ってくれるというのが原始信仰の基本ともいえる形態である。

さて、仏教がもたらした「葬儀」に関する非常に洗練された手段とは何であろうか。それが「火葬」である。それまで、腐ってゆく死体をただ見守るだけだったのが、仏教がもたらした「蕃神《あだしくにのかみ》」に帰依すれば多神教ゆえ本来の神々を裏切ることにはならないとされ、殯の期間を大幅に短縮できて魂が早く神になれると考えられた。

実は、これも偶像崇拝同様、本来の仏教の考え方ではない。仏教ではまず「生」はすなわち「苦」ととらえ、魂は死ぬとすぐ次の生に転生すると考えられており、その輪廻《りんね》の輪から脱出（解脱）しないかぎり生の苦しみが尽きないと説かれている。弟子から葬儀に関して質問された釈迦は、「僧は葬儀にかかわってはならない。あれは民衆の儀式である」と断言しているくらいである。

ところが、宗教とは不思議なもので、普及するにつれてもともとあった原始信仰と混淆《こんこう》するのが常である。インド、中国を経て日本に伝来した、いわゆる「北方仏教」では、インド哲学に加えて中国の先祖崇拝が強く加味されていた。

日本もまた先祖崇拝が強い国柄だが、死そのものは穢《けが》れとし、長い年月を経ることによって死者はやがて神になると考えていたので、死穢《しえ》を避けるためには、一定期間、神殿に参拝することすらできないという矛盾が常にあった。そこで、従来の「神」では対応できない「死の直後」のケアを仏教に依存したのは極めて自然な流れであったのかもしれない。

そしてもう一つ、仏教に期待されたのが、先述した「鎮護国家」である。これももともと仏教にはなかった概念であるが、中国において時の皇帝が戦乱のたびに僧侶に祈らせたことから付加された、いわば「仏教の利益《りやく》」の一つである。とくに密教においては、中国における七五六年の「安史の乱」の際、玄宗皇帝(8)（六八五～七六二）が不空三蔵(7)を重用したことから、その独特の呪法ともあいまってそれまでの顕教よりも効果が期待されたのである。

このように、現代では心の平安を求める「信仰」の対象である仏教は、当時の「世界観」および「常識」としては、むしろ最新の「科学」であり、もっとも効果的な防疫および防衛の手段としての役目を担っていたわけである。

神と仏は、現代のように「神道」「仏教」とに分けて考えるものではなく、それぞれの役割が違うだけで、いずれも人智を越えた存在の一つと考えられていた。

鳥居から大門へ

大門に話を戻そう。もともと「修行の地」には聖と俗の結界としての鳥居があり、それがある理由から壮大な門に姿を変えた、ということになる。その理由とは、極めて単純なものである。大門は修行者のためにあるというよりは、参詣人に対してアピールするためのものであるということだ。

つまり、空海が入定してから三〇〇年以上、鳥居は修行者のための結界であったわけだが、一一四一（永治元）年ころには空海の徳を慕って登山に訪れたり、納骨や造墓をするための参詣人が増えはじめた。そこで、高野山をこの世の浄土としてより分かりやすくアピールするために、神仏混淆形式の大きな門に変更したわけである。これは、純粋な修行の地であった高野山がこの世の浄土として、あるいは天下の総菩提所としての意味が加えられた結果でもあるのだが、それについては伽藍や奥の院を歩きながら考えることにして、ここではさらに大門に注目することにする。

大門の正面の柱には二枚の柱聯《ちゅうれん》が掲げられている。聞き慣れない言葉だが、「聯」とは「連」の意であり、柱や壁に左右対《つい》にして掛ける書や画のことである。向かって右には「不闕日日

（7）（七〇五～七七四）不空金剛ともいう。南インド出身で、中国における密教を大成した。空海が師事した恵果の師で、六月一五日に没したことから同日に生まれた空海は不空の生まれ変わりと言われている。

（8）言語や文字で明らかにした仏教のことで、密教に対する概念。

大門の正面に掲げられている２枚の柱聯

之影向」、左には「検知處々之遺跡」と彫られている。これは、高野山第二世で、空海の甥にあたる真然《しんぜん》大徳（八〇四?～八九一・のちに詳述）が残した言葉を、後宇多上皇（一二六七～一三二四・第九一代）が直筆されたものを写して彫り込んだものとされている。「日々影向文《にちにちようごうぶん》」と呼ばれるものの一部であり、全文は「卜居於高野樹下　遊神於都卒雲上　不闕日々之影向　検知處々之遺跡」となる。

影向《ようごう》とは神仏などの尊い存在がこの世に出現することで、全体の意味は、「弘法大師は、高野山を入定の地と定め、弥勒の浄土である都卒天（兜率天）の雲の上にいつつも、今も毎日、かつて自らが修行した地や、人々のために行った事業の跡（治病・厄除け・雨乞い・弘法井戸や満濃池、各清水の開発など）を見て回っている……」（筆者訳）と解釈される。

つまり、この柱聯こそが、「弘法大師はいわれのある処には毎日姿を現わされる」という信仰をもたらし、日本各地に残る数々の弘法大師伝説を生み出すもととなったわけである。さらには、信仰するすべての者に付き添ってくださるという、四国八十八ヶ所遍路で有名な「同行二人《どうぎょうににん》」の根拠でもある。

大門は高野山の西端、見晴らしのよい高台に建てられている。紀伊水道や、遠くは四国まで見わたせるほど視界が開けており、夕暮れどきには、運がよければ西の空一面が真っ赤に染まる夕焼けを望むことができる。それはまさに、山口誓子(9)が詠んだ句が体験できるひとときとなる。

夕焼けて　西の十万億土　透く[10]

そう、大門は高野山の一番西から、さらに果てしない西の浄土に向けて建てられているのである。そこはやはり聖と俗の結界であり、来世と現世の結界でもあった。

さて、ここよりわずか数町でいよいよこの世の（密厳）浄土である伽藍に至るのだが、その前に、九度山《くどやま》

---

(9)（一九〇一〜一九九四）京都市生まれの俳人で、高浜虚子に師事した。

(10)実は、この句は高野山で詠まれたものではない。一九四六年に鈴鹿山脈の見える朝明川《あさけがわ》の畔で詠まれた句であり、句集『晩刻』に収録されているのだが、一九六一年に金剛峯寺俳句記念事業として句碑が建立されることになったとき、実際に高野山で詠んだ句に「鰯雲」という不精進な語句が入っていたため、この句のほうが高野山にふさわしいとして選ばれた。句碑は、奥の院英霊殿前の参道にある。

大門から見る雲海（撮影：山本誠）

より歩いて登る高野山を紙上で体験していただこう。一般的に大阪方面から高野山に行く場合、南海電車の極楽橋駅からケーブルに乗り換えて高野山駅に行き、そこからバスで高野山の中心街に入るわけだが、当然、かつてはこのような鉄道手段はなかった。

　ここでは、多少なりと昔日の雰囲気を味わっていただくことにして、南海電車の九度山駅から続く町石道を歩いて登ることにする。駅のすぐ南、丹生川《にうがわ》の畔には「真田庵」がある。一六〇〇年の関ヶ原の戦いに敗れた真田昌幸・幸村父子が蟄居生活を送った所である。正式には「善名称院《ぜんみょうしょういん》」という名前で、牡丹の名所としても知られる寺である。ここから少し南にある慈尊院をスタート地点として、奥の院を目指していきたい。

慈尊院の山門

第2章

高野山への道

町石道マップ（観光案内所などに置かれている）

七つの登山口

再度、高野山の地理的条件を確認しておこう。紀州の山中、「外八葉《そとはちよう》、内八葉《うちはちよう》」というように、一六枚の蓮の花弁にたとえられる標高九〇〇メートル級の峰々に囲まれた山上の盆地、そこが高野山である。ここに、九世紀の初頭、空海が密教の修行道場として「高野山金剛峯寺」を開基した。

その花弁の中心に至る道は、若き日の空海がたどり着いたときには杣道《そまみち》かけもの道程度であったと思われるが、密教の修行道場としてだけでなく、密厳浄土として多くの参詣人が登ってくるようになって出発地別に登山道が拓かれていき、江戸時代には「高野七口」と呼ばれる七つの登山ルートが確立するに至った。

「口」とは文字どおり出入り口の「口」であり、名称は時代ごとにやや変遷してきたようだが、江戸時代には、紀州方面からの「大門口」、京都・大阪方面からの「不動坂口」、奈良方面からの「黒河口《くろこ》」、龍神方面からの「龍神口」、有田方面からの「相の浦口」、熊野方面からの「大滝口」、大峯山系からの「大峯口」と呼ばれるようになっていた。

これら七つの口には、一八七二（明治五）年の太政官布告によって女人禁制が解かれるまで、

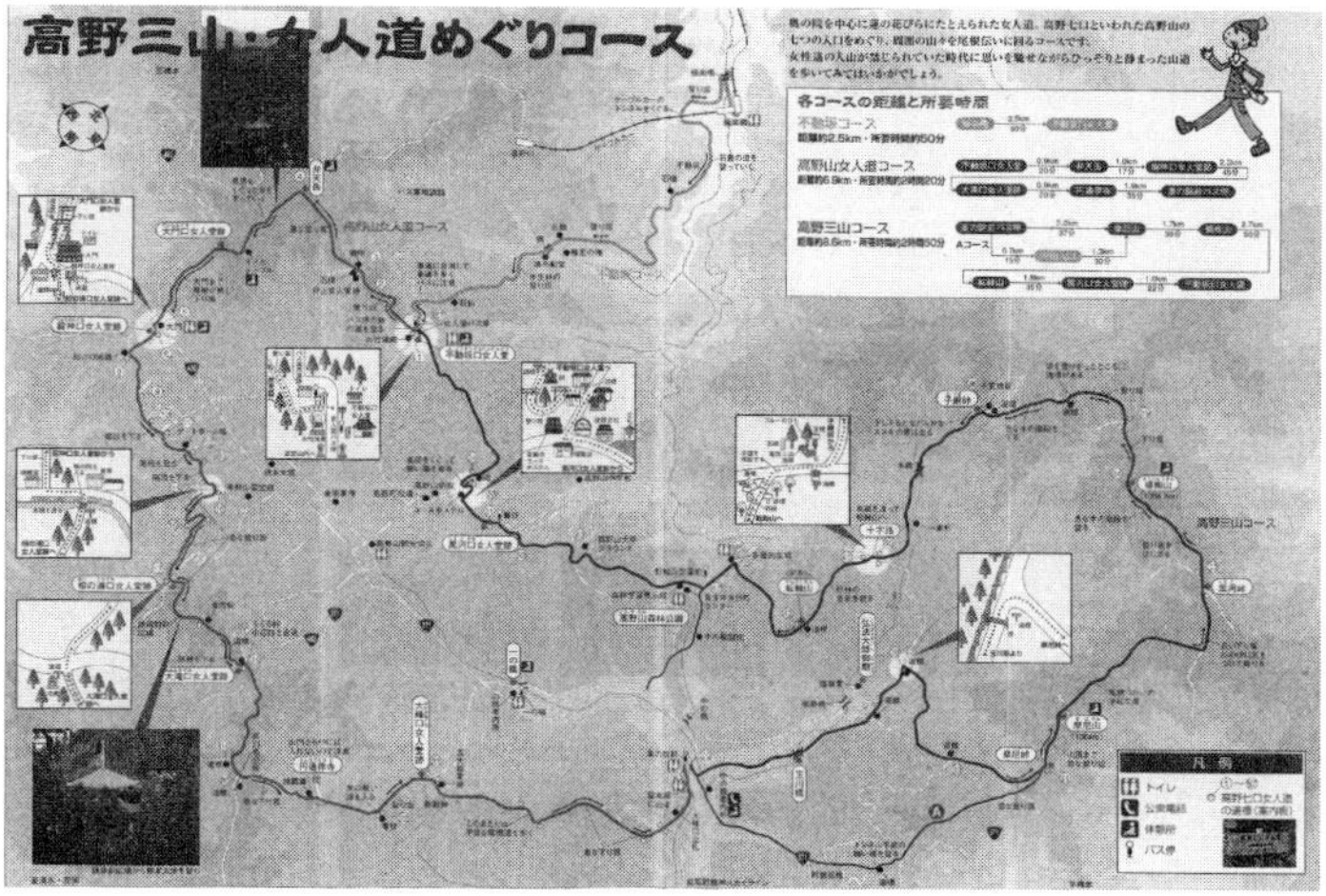

女人道ルート（観光案内所などに置かれている）

現存する唯一の女人堂

関所兼お籠もり用として「女人堂」が建てられていた。つまり、女性の参詣人は山内に入ることができなかったわけである。なお、現存する唯一の女人堂は不動坂口のもので、創建当初から営繕が繰り返されてきたが、内部には金剛峯寺の境内にある不動堂（国宝。鎌倉時代後期）よりも古い柱が現存しているといわれている。

また、各口をつなぎ、盆地である高野山を取り囲むような道もできあがった。今日「女人道《にょにんみち》」と呼ばれているルートで、途中には山内に入れない女人たちが首を長く伸ばして高野山内を覗き見たと言われる「ろくろ峠」などがある。

この七口、分かりにくくはなっているもののすべて現存している。そのなかで、大門口に至る全行程が昔日の面影をほぼ完全に残している「高野山町石道《こうやさんちょういしみち》」が世界遺産に登録されている。その行程を紹介していこう。

町石道《ちょういしみち》

先にも述べたように、高野山町石道は高野山麓の九度山《くどやま》町にある慈尊院からかつらぎ町天野を経て高野山の大門に至り、山内《さんだい》の根本大塔を経て奥の院の大師御廟に至る総延長約二四キロの参詣道である。何故「町石道《ちょういしみち》」（地元では「ちょうしみち」とも言う）と呼ばれるかというと、全行程にわたって一町（約一〇九メートル）ごとに道標として石製の五輪塔が建てられているからである。その数は、慈尊院から伽藍に至る区間では一八〇基、伽藍から奥の院大師御廟に至る区間には三六基あり、それぞれ胎蔵界の一八〇尊、金剛界の三七尊を象徴している。

山内が三六基なのは、三六町で一里とするという当時の慣習に則ったものという説と、全体で一基として三七尊とする説、そして御廟自体を一尊と数えるという説がある。なお、山上での一町は約七九メートルとなっており、これは、三六町あるいは三七尊に対応させるために一基ごとの間隔を縮めたものと考えられる。

一八〇町という数も一里という単位に対応させたものらしく、全部で五里となるので、一里（約三・九キロ）ごとに「里石《りいし》」と呼ばれる石塔も建立された。里石は、慈尊院からの距離を示すように高野山に向かって数が増えていく。このうち、一里石から四里石までの四基だけは現存しており、伽藍の根本大塔の近くに建つ一町石の近くに五里石があったそうだが、現在は欠損している。

町石にも一つずつ番号が付けられているが、里石とは逆に慈尊院の一基目が一八〇番ではじまり、伽藍（高野山）に至るまで一つずつ減ってゆき、伽藍から御廟までは一つずつ増えていく構成になっている。つまり、町石は道標であると同時に、慈尊院側からはあと何町で伽藍（高野山）

に着くのかという距離計になっており、伽藍からは、奥の院大師御廟まで一つずつ功徳《くどく》を積んでいくという意味をなしている。

また、中世において浄土思想が流布して以来、「高野山に一度でも徒歩でお参りすれば、果てしない過去からの罪も、道中ですべて消滅する（一度参詣高野山無始罪障道中滅）」と民衆に信じられていたので、人々はこの道を単なる登山道とは考えず、祈りながら歩く信仰の道としてとらえてきた。

道しるべの仏さま

八一六（弘仁七）年に高野山を開創した空海が、修行者への道しるべとして、山麓の慈尊院から山上まで一町ごとに木製の卒塔婆を建立したのが町石のはじまりとされている。しかし、木製の卒塔婆は傷みやすく、その都度建て替えもされたらしいが、鎌倉時代に入って高野山への参詣者数が飛躍的に増えたころにはほとんど朽ち果てた状態だったという。そこで、一二六五（文久二）年、遍照光院《へんじょうこういん》(1)の第九代住職であった覚斅《かくきょう》が、石製による五輪塔建立の「発願文」を著し、勧進活動をはじめた。

高さは一丈一尺（約三・三メートル）、幅・奥行とも一尺（約三〇センチ）、重量にして約七〇〇キロの花崗岩の石柱が、一八〇（胎蔵界）＋三六（金剛界）＋五（里石）で合計二二一基。紀ノ川河口から船で運搬後、船着場の嵯峨浜（慈尊院の正面にあたる紀ノ川の畔）に揚げ、加工したのちに町石道の各所に建立するという途方もない構想であった。

もちろん、予算も工期も莫大なものが必要とされたが、発願文には、太上《だいじょう》天皇[2]の宝祚《ほうそ》の長延《ちょうえん》、つまり皇位が長く続くことの祈願にはじまり、将軍から庶民までの二世快楽（この世とあの世の平安）、そして天下泰平が祈願されたこともあり、鎌倉幕府の要人である安達泰盛（一二三一〜一二八五）がこれにこたえた。そのすすめを受けて、後嵯峨上皇を筆頭に各皇族や鎌倉幕府の有力者、御家人たちが寄進と勧進に努めた結果、一二六六（文永三）年から一二八五（弘安八）年という約二〇年をかけて、現在見られるような町石がすべて建立されたわけである。

町石は、五輪塔の形、つまり密教が生まれた古代インドにおいて宇宙を構成する五大要素（地《ア》・水《ヴァ》・火《ラ》・風《カ》・空《キャ》）を象徴しており、下から順番に「地輪《ちりん》」（四角形）、「水輪《すいりん》」（円形）、「火《か》

（1）弘法大師の創建で、高野名室寺院に選ばれた由緒ある寺院。中世には、白河上皇の命により熊野別当湛増が修築し、白河上皇の高野行幸の際に御座所となった。住所：〒648−0211　和歌山県伊都郡高野町高野山５７５　TEL：0736−56−2124

（2）譲位後の天皇への尊称。通常は上皇と略す。ここでは後嵯峨上皇のこと。

輪《りん》」（三角形）、「風輪《ふうりん》」（半月形）、「空輪《くうりん》」（宝珠形）と呼ばれる部位に分かれていて、それぞれを表す梵字が刻まれている。また、地輪部分は柱状になっていて、それぞれの仏を表す梵字、町数、寄進した施主名や菩提の対象者名も刻まれている。

先述したように、町石は単なる道しるべではなく、一石一石が胎蔵界や金剛界の仏の象徴であり、参詣人は町石ごとに礼拝しながら歩みを進めたということがよくお分かりいただけると思う。

五つの部位に分かれている五輪塔

慈尊院

町石道の出発点である一八〇町石は、かつて「高野山の政所《まんどころ》」と呼ばれ、世界遺産にも指定されている九度山《くじやま》町の慈尊院にある。南海高野線の九度山駅から約二キロメートル、二五分ほど歩く雨引山《あまびきやま》（約四八〇メートル）の麓に慈尊院はあり、眼前には紀ノ川が流れている。

空海が高野山を開創した際、登山口として、また冬期の避寒修行の地として建立され、都と高野山の中継点として庶務一切を取り仕切り、一五四〇（天文九）年に紀ノ川大洪水で大被害に遭うまでは年貢などの管理所であり、食糧の備蓄所でもあった。

山門の横には「下乗石《げじょういし》」がある。かつてはもう少し紀ノ川寄りにある南門にあったのだが、そこから移設したものである。この石の前で誰もが馬や駕籠から降り、徒歩で高野山へと登った。境内には多宝塔をはじめとして堂宇が建ち並んでおり、広大な敷地を有しているが、往時は方六町（約六五四メートル四方）の広大な敷地に七堂伽藍が甍《いらか》を連ねていたと伝えられている。

空海の母、玉依御前《たまよりごぜん》が滞在した寺としても知られており、御前が入滅（死去）後、深く帰依していた本尊の弥勒菩薩（空海作といわれる国宝）に化身したという信仰が生まれたことから弥勒菩薩の別名である「慈尊」が寺号となった（山号は万年山）。女人禁制の高野山に代わって女性の参詣が盛んであったこ

慈尊院前の下乗石。「乗石」という文字は土の中

とから「女人高野」とも呼ばれている。

本尊が祀られている弥勒堂には、少し変わった絵馬が掲げられている。その絵馬について、有吉佐和子は次のように書いている。

「廟の前の柱にぶら下がっている数々の乳房形に気がつくと、しばらく瞑目することを忘れていた。それは羽二重で丸く綿をくるみ、中央を乳首のように絞りあげたもので、大師の母公と弥勒菩薩を祀る霊廟に捧げて安産、授乳、育児を願う乳房の民間信仰であった」（有吉佐和子著『紀ノ川』より）

いつのころからか、自分と同じ大きさの乳房の型をつくり、絵馬に貼り付けて奉納するという風習が起こったことが分かる。

空海は、母の玉依御前に面会するため、二〇数キロの距離をものともせず、月に九回とたとえられるほど頻繁に下山したという。そのため、この地が「九度山《くどやま》」と名付けられたと伝えられている。

慈尊院の乳房型絵馬

出発点

慈尊院境内から雨引山《あまびきやま》の石段を上ると、同じく世界遺産に指定されている丹生官省符《にうかんしょうぶ》神社がある。空海が慈尊院を開いたとき、その鎮守として天野の丹生都比売《にうつひめ》神社から丹生都比売と高野御子（狩場大明神）を勧請したのがはじまりで、やがて不輸不入(3)の特権をもつ官省符荘（荘園）二一か村の総社（総氏神）として栄えたという。

その石段の途中、右手に一八〇町石がある。これが高野山町石道の出発点となる。一八〇町石の正面には毘沙門天を表す梵字が刻まれ、「百八十町　権僧正勝信」とある。左側の面には「為先師　前大僧正聖基」というため書き、そして右側の面には「文永九年（筆者注・一二七二年）十二月」とある。

(3)　荘園に国家権力を介入させない権利のことで、「不輸」は租税を納めないこと、「不入」は国司らの荘園内への立ち入りを拒むこと。

丹生官省符神社

寄進者である権僧正勝信（一二三五～一二八七）とは、関白藤原道家（一一九三～一二五二）の子で、東寺長者、東大寺別当を歴任し、「南谷大僧正」とも呼ばれた当時の宗教界の大物である。何しろ町石道の最初の一石であることからして、その権利の争奪戦が繰り広げられたのではないかと推測される。もしかしたら、宗教界の大物を最初に置くことで、町石設置事業の重要性を知らせる意味があったのかもしれない。

そこから右に進むと慈尊院の西側から登ってくる舗装道に出る。この舗装道も町石道であり、この先一六三町石の近くまで舗装された道が続いている。舗装されていても世界遺産に登録されたのは、一九七七（昭和五二）年に早くも道としてつながっていることが理由で史跡指定がされていたからで、同じく世界遺産の熊野参詣道や大峯奥駈道よりも二〇年以上早いことになる。

百八十町石

少し歩くと、右手に勝利寺への階段が見えてくる。勝利寺境内の隣には、「高野紙」の手漉き体験ができる和紙資料館「紙遊苑《しゆうえん》」(4)がある。高野紙とはコウゾとトロロアオイを用いて漉く厚手の和紙のことで、高野版として知られる高野山の経典などの印刷物はすべて高野紙でつくられている。九度山《くどやま》一帯では、問屋制家内工業の形でつくられていた。

「紙遊苑」の木戸の前に御幸門がある。九〇〇（昌泰三）年に宇多法皇（八六七～九三一・第五九代）が、一一六九（嘉応元）年に後白河上皇（一一二七～一一九二・第七七代）が、高野山御幸の際に勝利寺に宿泊されたことが命名の由来となっている。のちの天皇・上皇の玉髪や、遺骨を高野山に納める使者も御幸門から入って宿泊したといわれている。勝利寺と紙遊苑は世界遺産には指定されていないが、国指定史跡内に所在しており、コアゾーン（登録資産）に含まれる建造物である。

（４）住所：〒648-0151　和歌山県伊都郡九度山町慈尊院749-6　TEL：0736-54-3484　開館＝９～16時半（入場16時まで／紙漉体験15時まで）　休館＝月・火（祝日開館）／年末年始は入苑無料／紙漉体験有料。

紙遊苑の正面入り口

柿畑《かきばた》の道

やがて周囲は一面の柿畑となる。和歌山県の柿の生産高は全国一だが、その中心が九度山町《くどやま》なのだ。秋になると、「平核《ひらたね》」にはじまり、特産の「富有《ふゆう》」の出荷まで一帯の農家は繁忙期を迎える。町石《ちょういし》は柿畑のなかに点在しているので、見落とさないように歩きたい。

登り坂の途中、左手に一六九町石が建ち、そのやや上手に縦横約九〇センチの石碑がある。碑文は読みづらいが、弘化三（一八四六）年に路面を改修し、石畳を敷いたという記念碑である。残念ながらその石畳は現存せず、柿畑の集荷用に舗装されてしまっている。これもまた、人々の生活が織りなす「文化的景観」の一つなのかもしれない。

登り坂はややきつくなり、高度を増すごとに、眼下にはゆったりと蛇行して流れる紀ノ川が望まれる。正面には葛城山脈の山並み、橋本市からかつらぎ町にかけての市街地も一望できる。一六六町石を過ぎ、直進すると展望台を兼ねる四阿《あずまや》がある。正面には、これから目指す高野山の「弁天岳」や「楊柳山」も見える。ここから望む朝日や夕日はことのほか美しく、和歌山県の「朝日・夕陽百選の地」に選ばれている名所である。

柿畑はまだまだ続いているが、一六三町石あたりで舗装路が終わり、左手に「右かうや　左こ

さわ一り　かうやちか道」と自然石に彫られた明治三年（一八七〇）銘の道標を見送ると、道も狭まり山道らしくなってくる。杉の植林と雑木林を抜け、一五七町石を過ぎる。

この付近は、『紀伊続風土記』によると、空海が榧《かや》の種を播いたとされる所である。冬期に厳寒となる高野山上では、灯明用に菜種油を使うと凍ることがあるのだが、榧の油だと凍らないからということで種を播いて育てたらしい。そんな榧の木も、今は大門付近にしか見られない。

かつらぎ町山崎への分岐点にある一五六町石は、大正時代に再建されたものである。いかに良質の花崗岩でできている町石とはいえ、鎌倉時代以来七〇〇年以上の歳月で風化したり、土砂崩れなどで倒壊したものもあり、一八世紀の初頭に数基と、一九一三（大正二）年に二七基、そして一九六〇（昭和三五）年に一基が再建されている。

このあたりは平地になっており、通称「銭壺《ぜにつぼ》」と呼ばれている所である。奥の院にある大小無数の墓石は町石道を通っ

山道となる町石道

柿畑の道

て運び上げられたものだが、その運搬には大変な労力と危険がつきまとい、人夫の逃亡もしばしばだったという。そこで、平らな当地で日当である金を入れた壺に手を入れさせ、握った金はすべて受け取れるとして人夫を督励《とくれい》したわけである。欲張って金を握り込みすぎると、手が抜けなくなってしまうというオチもある。

「銭壺」を過ぎると、展望のきかない樹林帯に入る。左手に雨引山《あまびきやま》への分岐を見て、急な坂道を登っていく。雨引山の山頂には雨乞いの一尊である善女竜王が祀られており、天野長床《ながとこ》衆(5)に属する修験者が山頂で雨乞いの護摩祈祷を行った。橋本市からもよく見える山だが、ここに雨雲がかかると今でも必ずと言っていいほど雨になる。

一四八町石から一四二町石の間は杉の植林のなかを平坦な道が続き、森林浴をしながら快適な歩行ができる。もの思いにふけりながら歩く人がいるからだろう、「哲学の道」と呼ぶ人もいる。

一四七町石の手前、左手に弘法大師の石像がある。毎年、御影供（旧三月二一日）には、近郊の有志が高野山参詣の人々に茶の湯や握り飯の接待をしたことから「接待場」とも呼ばれている。しかし、現在はその慣習も絶えてしまった。

一四四町石と並んで一里石《りいし》が建っている。「里石」は、この先も三六の倍数の町石と並立されている。

町石道《ちょういしみち》は標高八〇〇メートルを超える高野山への登山道であるが、ひたすら登り坂が続くわけではなく、前述したように平地もあるし、下り坂になっている所も多い。また、数人が並んで歩けるような場所があるかと思えば、一人がやっと通れるような、道というよりは小さな谷のような場所が交互に現れたりする。そのため、一定のペースで歩行ができずに疲れやすい。ハァハァ、ゼイゼイと息を切らし、途中でギブアップしたくなることもあるだろう。

しかし、静寂のなか、自らの呼吸の音のみを聞きながら歩いていると、生きている、いや生かされているという実感が湧いてくる道でもある。苦しくなったら、高野山の密厳浄土に思いを馳せつつ、町石を拝みながら歩いたいにしえの旅人を偲び、「もう一町石だけ歩こう」とか「あと一町進んだら休憩しよう」というような目的をもって歩みを進めていただきたい。

一町という距離は、歩幅にもよるが、わずか百数十歩である。気持ちの区切りもつきやすく、町石が見えるだけで勇気づけられたりもする。日常では気付かないさまざまな思いが浮かんでくるかもしれない。

---

(5)　長床を拠り所とする山伏のこと。修験道で、もとは峰宿の護摩壇を「長床」と呼んだが、次第に山伏の修行施設の呼称になった。なお、寺院の床の上に長く畳を敷いた処も長床という。高野山では行人に属した。

四差路の石造物

一四一町石を過ぎると登りとなり、「六本杉」と呼ばれる四差路に出る。杉が六本だけ生えていたというわけではない。ここで右に行くと笠松峠への分岐となり、直進すると天野に出る。町石道《ちょういしみち》は左手で、やや後退するような感じで「二つ鳥居」に向かっていく。登りのときは間違いようがないが、下りでは道なりに直進してしまい、そのまま天野に出てしまうということがよくあるので注意が必要である。

ここには、興味深い石造物が二基ある。一つは、六本杉の説明板の横にある石柱だ。これは、高野山の赤松院《せきしょういん》(6)に属する修験者が葛城入峯に際し、その安全と修行の成就、天下泰平、五穀豊穣を祈願して柴燈護摩を焚いたという標石である。神仏混淆の時代、のちに詳述する丹生都比売神社《にうつひめじんじゃ》(7)には「長床衆」(前述参照)と呼ばれた修験者がおり、葛城への途上、町石道を使っていたと思われる。

もう一つは、一三六町石と町石道を挟んで対面している建治二年(一二七六)銘の「板碑」である。高さは約二・五メートル、正面

四差路となる「六本杉」

に金剛界大日如来の梵字「𑖪𑖽《バン》」が彫られ、「奉為　前大僧正聖基」「天野路　法眼泰勝」の銘文がある。天野への道標を兼ねた板碑で、このことからも六本杉が当時の交通の要衝だったことが分かる。

六本杉から「古《ふる》峠」手前にある一二四町石までの間も平坦な道が続く。展望はないが、明るい雑木林と植林が交互に現れ、気持のよい古道歩きが楽しめる。古峠の名称の由来は定かでないが、東に下ると上古沢《かみこさわ》に下り、西の不明瞭な踏跡を下ると「奥の沢明神」に出る。

「奥の沢明神」について簡単に説明しておこう。丹生明神は、庵田島《あんたじま》の石口《いわくち》（かつらぎ町三谷の丹生酒殿神社）に垂迹《すいじゃく》し、各地を巡って最後に天野に鎮座したといわれているが、天野に入るときにまず「奥の沢」に下りたので、ここに明神が祀られたという。そのときに一二七町石付近の東側にある「小都知《おづち》の峯」を通りすぎたとのことで、峯の頂にも祠が祀られていた。丹生都比売神社の主神の縁起に関係する重要な道筋が、この町石道と微妙に交差している。

「寄進者名」にも注目していただこう。一二三町石は「十方檀那」、一二二、一二一町石は「十方施主」。通りすぎてしまったが、一六二町石が「十方檀那」、一二五町石が「十方施主」である。

（6）奥の院に一番近い宿坊。住所：〒648-0211　和歌山県伊都郡高野町高野山５７１　TEL：0736-56-2734

（7）かつては「天野社」と呼ばれていた。住所：〒649-7141　和歌山県伊都郡かつらぎ町上天野２３０　TEL：0736-26-0102

さらに先となる三〇町石も「十方施主」となっている。これら六本の町石《ちょういし》は、多数の一般庶民からの寄進で建立されたもので、年号も建立目的も彫られていない。「施主」と「檀那」は同じ意味で、「十方」とは、東西南北に北東、東南、南西、北西、上、下を加えた「あらゆる場所と方角」を意味している。権力者や経済的に裕福な者だけが町石の建立にかかわっていたわけではないことが分かる。

謎の二つ鳥居

やがて、右手に休憩所の四阿《あずまや》が見えてくる。ここから眺める天野の風景を、白洲正子(8)は次のように言っている。

・周囲をあまり高くない、美しい姿の山でかこまれ、その懐に抱かれて天野の村は眠っていた。
・ずいぶん方々に旅をしたが、こんなに閑かで、うっとりするような山村を私は知らない。
・それはまことに「天野」の名にふさわしい、天の一角に開けた広大な野原であった。

・できることなら私は、天野に隠居したいと思っているくらいである。（『かくれ里』より抜粋。原文のママ）

久々の展望を楽しむわけだが、かつての棚田が圃場整備されてしまったことは惜しまれる。それでも、今なお美しい日本の原風景の一つである。

四阿の南側には「二つ鳥居」がある。丹生都比売神社《にうつひめじんじゃ》に鎮座する丹生明神と高野明神を遥拝するために造られた鳥居とされている。造られた当初は木製だったが、一六四九（慶安二）年に石製の鳥居に改められた。近年の発掘調査によって、古くは一つの大きな鳥居が町石道をまたいで建っていたと推測されている。現在の高野山の玄関である大門は一七〇五（宝永二）年に楼門建築として再建されたわけだが、前述したように、創建当時は「鳥居」であった。それ

（8）（一九一〇～一九九八）日本美に対する造詣が深く、『能面』『かくれ里』『西行』をはじめとして多数の随筆がある。

天野の里に見る原風景

石製の二つ鳥居

を「一の鳥居」とするなら「二つ鳥居」は「二の鳥居」ということになり、高野山全体を「神体」として奉拝していたのかもしれない。

「二つ鳥居」は、高野山開創前に三鈷を探して天野を訪れた空海が、天野の入り口である一の滝不動で狩場明神（高野明神）と出会い、案内されて丹生都比売《にうつひめ》と高野の地の借用について話し合った地とされる「柳沢明神」に対面して建っている。伝説によると空海は、白黒二匹の犬に案内されて高野山へ登ったとされているが、鳥居には扁額《へんがく》がないため（その痕跡もない）表裏が不明で、道から天野を奉拝したものか、天野から高野を拝む鳥居なのかまったく分からない。意図的なものか否かも含めて、大変謎の多い鳥居といえる。ひょっとしたら、当時の都である京都から高野山を、そして高野山から京都をと、お互いに崇拝するための両面鳥居として「二つ鳥居」と呼んだのかもしれない。

一二〇町石の所で、天野に下る「八町坂」が分岐している。この道も世界遺産の一部として登録されている。下っていくと左手に「金剛童子の杖跡」と呼ばれる岩があるが、ここは先にも述べた天野長床衆の行場であった。岩の表面に穿たれた無数の孔は、法具の錫杖《しゃくじょう》を突き立てた跡である。明治の「神仏分離」（一八六八年）、「修験道廃止」（一八七二年）によって天野の修験道は絶えてしまったが、随所にその痕跡が遺されている。

天野の里の丹生都比売神社《にうつひめじんじゃ》

さて、町石道《ちょういしみち》からはルートをはずれることになるが、八町坂を下って天野の里へ下りてみよう。高野山へ登る途中、天野の丹生都比売神社に参るのも昔からの慣習である。ただし、見所の多い、世界遺産に指定されている丹生都比売神社とそのバッファゾーン（緩衝地帯）である天野に寄り道すると思わぬ時を過ごすことになってしまい、日が暮れてしまう恐れがあるので別の日の楽しみとしたほうがいいかもしれない。

天野の里に鎮座する丹生都比売神社の歴史は古く、縁起によると創建は約一七〇〇年前という。広大な境内の前に立つ巨大な鳥居には、「稚児柱《ちごばしら》」と呼ばれる支柱が付けられていて、いわゆる両部鳥居《りょうぶとりい》の形を成している。両部とは、「金剛界」と「胎蔵界」の二つを指し、この神社が神仏混淆であることを示している。

続いて、「輪橋」と呼ばれている大きな太鼓橋を渡る。豊かな田園が広がる天野の里とはいえ、標高四五〇メートルを超す山中にこれほどまでに大きな橋があるのは驚きである。天野の人々だけではなく、他所からよほどの寄進があったものと思われるが、さらに巨大な楼門（高野山の大門と同じく神仏混淆のシンボル）と、四殿ある本殿を見るとさらに驚くことになる。

1707年に描かれた「天野社（丹生都比売神社）」絵図（金剛峯寺蔵）

天野の里に鎮座する丹生都比売神社の本殿

四つの本殿は室町時代に復興されたものだが、朱塗りに複雑な彫刻と極彩色を施した壮麗なもので、切妻造りの妻入り、正面の柱が二本で正面が一間であることから「一間社春日造《いっけんしゃかすがづくり》」と呼ばれている。この形式による造りとしては本家の春日大社よりも大きく、日本一の規模を誇っており、楼門とともに重要文化財にも指定されている。

なお、当初丹生都比売神社は、息子、あるいは弟の神とされた狩場明神（高野明神）と二座で祀られていたが、一二〇八（承元二）年、第三神として敦賀国《つるがのくに》（現・福井県南部）から大食都比売大神《おおげつひめのおおかみ》（気比明神）を第四神として安芸国《あきのくに》（現・広島県西部）から市杵島比売大神《いちきしまひめのおおかみ》（厳島明神《いつくしまみょうじん》）が勧請され、「天野四社明神《あまのししゃみょうじん》」と呼ばれるようにもなった。勧請された理由は諸説あるが、行勝上人（一一三〇〜一二一七。一六四ページ参照）の計らいで北条政子（一一五七〜一二二五）が寄進したという説もある。なお、行勝上人は高野山でも活躍した人で、天野検校としても辣腕を振るい、現在は四殿の左横の若宮に神として祀られている。

丹生郡比売神社の境内にある輪橋

column

丹生都比売神社《にうつひめじんじゃ》と花盛祭

高野山町石道120町石に位置する「二つ鳥居」。並び立つ二つの鳥居は丹生都比売神社への参拝の入り口とされ、この場所から眼下に広がるのは、標高500mの穏やかな盆地に開かれた、自然と暮らしの調和が美しいかつらぎ町の天野地域である。

この地で1700年にわたって参詣者を見守ってきた丹生都比売神社は、神仏混淆の様式を取り入れた二層建の楼門が特長的な、女性的なたおやかさを感じさせる神社である。朱塗りの楼門が桜と新緑に映え、さらに優雅な表情を見せる４月の第３日曜日に、祭神の丹生都比売に花を供え、春の訪れを祝う「花盛祭」が営まれている。

午後、青竹に生けた桜の枝と花々が社殿まで続く花道を、装束を纏った氏子行列とともに天狗面の導きの神、猿田彦命が登場する「渡御《とぎょ》の儀」が執り行われる。包み込むように穏やかな春の陽光に佇む丹生都比売神社を背景に、氏子たちに両脇を抱えられ、やっとの様子で輪橋（太鼓橋）を渡る怖い顔をした高下駄（一本歯下駄）姿の猿田彦命。それは何とも言えないユーモラスな対比であり、この春を寿ぐ可憐な祭のクライマックスを告げるシーンである。

その後、猿田彦と氏子の行列は天野の里を練り歩くのだが、もともと「浜下り神事」を起源とする祭りなので、かつては和歌浦の玉津島神社（〒641-0025 和歌山県和歌山市和歌浦中3-4-26）まで巡行したという。（三木真由美）

花盛祭、輪橋渡御

中国の皇帝も珍重した「丹《に》」

丹生都比売は天照大御神《アマテラスオオミカミ》の妹神とされ、別名を「稚日女命《ワカヒルメノミコト》」ともいう。吉野の丹生《にう》川上の峰に降臨したあと、紀伊・大和の各地を遷幸して農耕を広め、天野の地に鎮座したとされる。いずれも水源地を遷幸していることから水を司る神であったと推測されるが、稚日女命は養蚕と織物の神でもある。

また、「丹」は辰砂《しんしゃ》という朱色の硫化水銀を指す言葉で、古代から生命力の象徴である血の色を表す貴重な色であり、魔除けの色である「朱」の原料として、またその防腐効果により不老長寿の薬とも考えられ、大変珍重された物質であった。(9) そして、少し時代が進むと仏像に施す金メッキになくてはならない材料として多用され、その価値は大変なものだったとされる。(10)「丹」については『魏志倭人伝』にも「其山丹有」と記されており、すでに邪馬台国の時代にお

---

(9)　硫化水銀の状態では無毒だが、秦の始皇帝をはじめとして中国の歴代皇帝は、不老不死を目指してこれを精製したものを飲用した。その結果、水銀中毒で死んだ例も多い。また、当時においては、赤を長くとどめる塗料はほかになかった。

(10)　金と水銀を混ぜ合わせ、仏像表面に塗ったあとに熱して水銀だけを蒸発させると金メッキができあがる。

いても古墳の壁や棺の彩色に使われていたようである。この水銀鉱脈を開発する人、つまり「丹を生む人々」である「丹生一族」が、その鉱山跡に次々と丹生明神を祀ったわけである。その結果、現在、全国に八八社の丹生神社があり、丹生都比売大神を祀る神社は一〇八社、摂末社を入れると一八〇社を超えるという。そしてここ、天野の里の丹生都比売神社《にうつひめじんじゃ》こそが総本社なのである。ただし、ここには水銀鉱脈はなく、銅山跡のみが残されている。

神風

丹生都比売神社は古くから戦神《いくさがみ》としても知られており、『播磨国風土記』(11)によれば、神功皇后《じんぐうこうごう》出兵の際、丹生都比売大神の託宣によって衣服・武具・船を朱色に塗ったところ戦勝することができたため、これに感謝した息子の応神天皇が社殿と広大な土地を神領として寄進したという伝説もある。とはいえ、神功皇后、応神天皇の実在・非実在と出兵の有無も含めて考えると、言葉どおり伝説の域を出ない話である。

ところが、鎌倉時代になって、日本史上初にして最大の国難が襲ったとき、それを退けたということで一躍全国的にその名を知られるようになった。いわゆる元寇《げんこう》(蒙古襲来)のときの「神風」である。

そのころ、中国を支配していた元《げん》の大軍が、一二七四（文永一一）年一〇月と、一二八一（弘安四）年五月の二度にわたって日本に襲来した際、二度とも暴風により壊滅・退去したことで日本は「神風の吹く国」と長く信じられてきたわけであるが、その神風を吹かせたのが、実はこの丹生都比売神社の第三殿の祭神である気比明神《けひみょうじん》であるとされ、鎌倉幕府もそれを認めて公文書に残している。

朝廷の正式文書である「太政官牒《だいじょうかんちょう》」（太政官が下す公文書）によると、二度目の元寇である弘安の役の直前、つまり元の大軍がまだ日本に到着していない時点で、第三神である気比明神が「蟻通《ありとおし》の神」（智慧の神の意）と号して、次のように託宣《たくせん》を下した。

一、もうすぐ戦端が開かれる。

二、気比明神が日本の神々の先陣を務める事に決定した。

三、二一日までに鏑矢一手、弓弦一筋を用意せよ。

（11）奈良時代初期に編纂された播磨国（現・兵庫県西南部）の風土記。平安末期の写本のみ現存しており、国宝となっている。天理大付属図書館蔵。

四、不動明王の火界の呪を唱えて神威の光を増すようにすれば、二八日には必ず瑞兆（良い兆し）が現れるであろう。

五、来る六、七月中には日本は平和を取り戻す。（高野山大学名誉教授、山陰加春夫《やまかげかずお》による「高野山学」の講義資料参照。山陰氏については一七九ページの註にて詳述）

当時の常識として、人間同士が戦うようにお互いの守護神もまた戦うというのが当然のこととして信じられていた。また、他の神社も追随して託宣《たくせん》を出したらしいが、それはすべて元の襲来以降のことであり、丹生都比売神社《にうつひめじんじゃ》の託宣のみが大きく評価されたのである。

さらに、託宣後すぐに以下のような状況となった。

一、実際に元軍が襲来した。
二、気比明神が出陣した瑞兆として、地震のように天野社が鳴動し、奇光が輝いた。
三、鎌倉幕府は［二］の予言が当たったのでこれを信じ、天野社に弓箭（弓と矢）・御剣・幣帛（供物）を送ったところ、現地では敵方の弓矢が流出するという瑞兆があった。
四、合戦の間には、不動明王の火界の呪の威力を証明するかのように、「舟船の外に、紅火は煙を交えて波頭に飛び、彩龍は風を興して海面に現れた」という。そして［五］の予言ど

おり、七月には「暴風、俄に起こり、異国の賊船は一時に滅亡した。（前掲資料より）

一つや二つではなく予言がすべて的中したことから朝廷が「事実」と認定し、「太政官牒」に記録されるに至ったというわけである。また、この文書から、神である気比明神と仏である不動明王がともに戦ったということで、神と仏が混淆しつつ信仰されていたことも分かる。さらに、真言密教の法力の一つである「鎮護国家」の利益《りやく》が遺憾なく発揮されたことも認められたというわけである。

丹生都比売神社（神）と高野山（仏）の深いかかわり

この戦勝の功により、鎌倉幕府は一二八四（弘安七）年に和泉国近木荘《こぎのしょう》（現・貝塚市）の地頭方を寄進したほか、朝廷もまた一二九〇（正応三）年に同荘の国方を寄付し、高野山は近木荘の完全支配権を得た。またこのころは町石道《ちょういしみち》の整備事業の真っ最中であったが、この奇跡によって寄進がいっそう進んだこともあり、町石道はようやく完成を見たと思われる。

さらに、町石道の推進役であった安達泰盛（二九ページ参照）らは、従来の紀伊の一の宮（最高位の神社）を現在の和歌山市にある「日前《ひのくま》・国懸神社《くにかかす》」から丹生都比売神社《にうつひめじんじゃ》に替えようとさえしたようである。ただし、一二八五（弘安八）年、町石道《ちょういしみち》の完成直後に幕府の内乱である「霜月騒動」[12]が起こり、安達泰盛自身が一族もろとも自害してしまったため実現には至らなかった。

丹生都比売神社と高野山のかかわりは、前述したように、伝説では空海がこの地で丹生都比売の息子とされる狩場明神（高野明神）に出会ったことからはじまるわけだが、史実としては、空海が朝廷に対して高野山の下賜《かし》を願い出るとともに、天野の豪族に対しても高野山の使用権委譲を依頼し、丹生都比売を高野山の産土神《うぶすな》として、また天野の豪族を高野明神として未来永劫祀り続けることを条件にしたという話も伝わっている。

以来、天野と高野は密接な関係になり、高野山がその後に獲得した寺領には、ほぼすべて天野の祭神が勧請されることとなった。また、九九四（正暦五）年の高野山大火の際は、高野山検校《けんぎょう》である雅真《がしん》[13]が天野を高野山の仮所としたことから、一八六八（明治元）年に神仏分離令が出されるまで、高野山が火災によって機能を失うたびに天野が高野山の役目を果たし続けた。

一七〇七（宝永四）年に描かれた「天野社絵図」（四六ページ参照）によると、現在の天野社を取り囲むように、宝蔵に一切経蔵や不動堂、多宝塔、四社明神を仏として祀る山王堂に空海を祀る御影堂も建てられ、さながら伽藍の体をなしていたことが分かる。この御影堂には、女人禁制の高野山に代わって女人たちも参っていたようだ。また、「大庵宝《おおあぜち》」と呼ばれる学侶方《がくりょがた》や、「長床」と呼ばれる行人方《ぎょうにんがた》(14)の宿舎も備えられていた。

高野山と結び付くことで天野社も力を蓄え、江戸時代になると神官は五六名を数えるようになり、神事も年に五〇余度を数えたという。また、約二〇年ごとに行われる屋根替えの儀式である遷宮《せんぐう》においては舞楽が奉納されたほか、能に至っては毎年六月の一七・一八日に興業されていたという。

ちなみに、「長床衆」とも呼ばれていた行人方は、そこにとどまって奉仕をするだけでなく、葛城修験の山伏としても活動していた。その痕跡は今も残されており、現在の丹生都比売神社に向かって左側に進むと、かつては多宝塔などが建っていたと思われる空き地があり、そこに天野社から葛城や大峯へ向けて修験者が出発したことを記録した碑や、光明真言板碑、そして修験道の開祖にして修験者の守護神である役行者《えんのぎょうじゃ》（六三四伝～七〇一伝）の石碑が安置されている「脇

---

(12)　第八代執権北条時宗の死後、有力御家人であった安達泰盛と、内管領の平頼綱の対立が激化し、頼綱方の先制攻撃を受けた泰盛とその一族郎党が滅ぼされた事件。

(13)　（?～九九九）平安時代中期の真言宗の僧。石山寺で密教を学び、九五二年、金剛峯寺座主寛空に招請されて高野山奥の院にある空海の廟塔復興の指導にあたった。検校に任じられたのは九八三年で、奥の院の復興は九九五年に達成されている。なお検校とは、寺院や荘園の事務監督をする役職名である。

(14)　ともに中世における僧侶の身分を表す。前者は、仏教に関連した学問や研究、祈祷に専念した。後者には山伏や修験者も含まれるが、寺院内部においては施設の管理や炊事・給仕などの実務的な業務にあたる身分を指した。

の宿《しゅく》石厨子」がひっそりと佇んでいる。これらもまた、明治の神仏分離令によってまとめて移築されたものだが、これらの石碑群こそが天野と真言密教や修験道との密接な関係を示す証拠であり、天野がその拠点であったことを示すものとなる。

このように、神社と寺が共存していた例は全国各地に見られるが、その嚆矢《こうし》となると、ここ丹生都比売神社《にうつひめじんじゃ》だと考えられる。日本古来の精神文化である先祖崇拝と自然礼拝が、中国から渡ってきた鎮護国家のための当時における最新の「科学」であった仏教と違和感なく混淆し、さらに修験道とも結び付いていったのである。

なお、丹生都比売を高野の産土《うぶすな》神とし、狩場明神を高野明神として崇める信仰は今もなお続いており、第3章で詳述するが、伽藍境内の一番重要な場所には天野社と同じ大きさの社が二殿建立されており、その前の拝殿である山王院を中心として高野明神に捧げる儀式が連綿と続いている。また、高野山の僧侶は修行の成満を記念して天野社に納札することが常となっている。天野を訪れれば、神社で祈る僧侶の姿を見ることができるかもしれない。

天野に残る石碑群

皇族が好んだ三谷坂

天野と高野の関係を語るとき、もう一つ注目してほしい道がある。「三谷坂《みたにざか》」である。町石道《ちょういしみち》が九度山《くどやま》の慈尊院から天野経由で高野山へ向かうのに対し、この三谷坂ルートは、慈尊院から紀ノ川沿いに約三キロほど西進した三谷という所から出発し、丹生都比売《にうつひめ》が降臨して酒を造ったと伝えられる丹生酒殿神社《にうさかどのじんじゃ》(15)を通り、かつて笠のように見える松の大木があったことに由来する笠松峠を経て天野に至るルートである。

現在は、途中が自動車道になってしまって分断されているので辿りにくくなっているが、途中に紀ノ川沿岸を望む絶景ポイントもあるなど、町石道よりは視界の開けたルートとなっている。

(15)　住所：〒649-7133　和歌山県伊都郡かつらぎ町三谷631　TEL：0736-22-3146

出典：「高野山結界道、不動坂、黒河道、三谷坂及び関連文化財学術調査報告補」和歌山県教育委員会、2012年

このルートは、鳥羽院政期に高野山に多大な影響を及ぼした覚法法親王《かくほうほっしんのう》（一〇九一～一一五三）が多用したルートとしても知られており、皇室関係者がよく通ったことから「勅使坂《ちょくしざか》」とも呼ばれている。「法親王」とは男子皇族で出家後に親王の宣下を受けた場合の称号で、親王の宣下を受けてから出家した場合は「入道親王」と称号された。

覚法法親王は、白河上皇の第四子にして、宇多天皇（三五ページ参照）が開基した京都の仁和寺の第四世門跡《もんぜき》（皇族が住職を務める場合の称号）であった。平安時代の初期、仏教の普及にともなって相続争いを避けるため、また皇室の費用削減の意味からも皇族からの出家者が増え、その受け皿としての寺院が盛んに建立されたわけだが、平安時代後期に登場した覚法法親王は高野山と非常に縁が深く、甥にあたる鳥羽天皇（一一〇三～一一五六・第七四代）を授戒《じゅかい》させたほか、その子である覚性入道親王《かくしょうにゅうどうしんのう》（一一二九～一一六九）の師となって仁和寺の第五代門跡を継がせている。

覚法法親王の登山の様子は、『御室御所高野山御参籠日記《おむろごしょこうやさんごさんろうにっき》』（以下『参籠日記』）というかなり詳しい日記で知ることができる。この日記には、覚法法親王が、一一四七（久安三）年から一一五〇（久安六）年の四年間だけでも五度にわたる高野参籠（法要）を果たした様子や、覚性入道親王が一一四八年から翌年にかけて連続二五二日間に及ぶ参籠を遂げた詳細が記されているほか、仁和寺から高野山への往復ルートについても詳しく記されている。

それによると、覚法法親王は一一四七年の往路のみ町石道《ちょういしみち》を通っただけで、復路およびそれ以後はすべて三谷坂を通っている。その理由は簡単で、『参籠日記』に「三谷坂は木陰にして深き泥なし。道ほど近し。かたがた神妙の由、上下よろこびをなす」とあるように、三谷坂のほうが距離が短く道もよかったので、輿《こし》を使えば早く往復することができたからである。もちろん、勾配はきつくなるが、谷川や「涙岩」と呼ばれる水場なども多く、水場の少ない町石道《ちょういしみち》に比べて、供の者たちも荷を運ぶ馬にとってもこちらのルートのほうが快適だったとみえる。

ちなみに、覚法法親王が最初に高野山へ登った一一二四（天治元）年には、慈尊院を起点に町石道を自ら歩き通している。当時はまだ木製卒塔婆の時代で、整備も不十分だったと思われるが、復路もこのルートを使って下山している。その後の登山は、もっぱら高野山で行う参籠が目的だったようで、ここで紹介した最短コースを選ぶようになったのであろう。

実は、覚法法親王が三谷坂を選んだ理由がもう一つある。それは「領地」の問題である。当時、慈尊院は東寺の支配下にあり、仁和寺の門跡としては何かと気を遣うことが多かったと思われる。一方、三谷や天野は仁和寺の支配下にあり、覚法法親王にとってはより快適に通過することができたのではないだろうか。

この三谷坂ルートは、その後に町石が完成したことや、慈尊院が「高野の政所」として大発展していくなかで表街道の座を町石道に明けわたすことになったが、今もなお空海の笠が雨引山《あまびきやま》から風に飛ばされて掛かったといわれる「笠石」や、大日如来、阿弥陀如来、釈迦如来が一つの岩に彫られ、頬に切れ目が入っていることから「頬切れ地蔵」と呼ばれる石仏などの史跡が多く残されている。

また、丹生《にう》酒殿《さかどの》神社《じんじゃ》の横には「天野大社参道」の石碑もあるほか、途中の川には、禊ぎをするための目印として川の中に燈籠があり、高野山が開基される前から天野への主要ルートであったことが分かる。

これ以外にも、天野の里には西行法師（一一一八～一一九〇）の妻子が住んだ庵の跡や、貧女の一燈（一五二ページ参照）で知られるお照の碑などといった見所も多いので、ぜひ一日かけてゆっくりと回って欲しいエリアである。日本の原風景を訪ねる旅は、信仰の道を辿る旅ともなる。

かなり回り道をしてしまった。そろそろ町石道《ちょういしみち》に戻ることにしよう。

西行堂

お照の碑

六方面への交差点（矢立）

「二つ鳥居」からは少し下り坂になる。先述したように、町石道の特徴の一つとして挙げられるのが、登りだけではなく、時に平坦に、時に下りになったりすることである。そういう場所では、はやる心を抑えてペースを落とし、息を整えるようにして後半の急な登りに備えたい。

途中、一一六町石と一一五町石の間に簡素な鳥居がある。うしろの岩に白蛇が棲み、出合えば幸福になると伝わっている。やがて、右手に視界が開けたかと思うと……なんとゴルフ場である。グリーンの横を世界遺産の道が通っているという奇妙な光景だが、時にはゴルフボールが飛んでくることもあるので注意が必要だ。

右手に神田《こうだ》の応其池《おうごいけ》を見て、一一一町石を過ぎると「地蔵堂」に出る。ずいぶん古くからここにあるお堂で、その縁起には、滝口入道を慕った横笛(16)が出家して、草庵を構えたということになっている。ちなみに、「神田」という地名は、丹生都比売神社《にうつひめじんじゃ》に献上する米をつくったことに由来している。

---

(16)『平家物語』の登場人物の一人。斎藤時頼（のちの滝口入道）との恋に落ちるが、時頼は父に諌められて出家をし、横笛に会うこともなく高野山に登って修行に励んだ。それを知った横笛は尼となり、ほどなく世を去った。

来しており、堂の前には水田が広がっている。ここも圃場整備されたので、整然とした近代的な田園風景になってしまった。

突然、左手に磐座《いわくら》（神の御座所）のような巨大な岩塊がそびえ立つ。その前の平地には、一〇八町石と二里石がある。周囲は植林だが、陽光が遮られ、神々しい空気が漂っている空間である。想像にすぎないが、天野の修験者の行場である「鳥の岩屋」なのかもしれない。

一〇七町石からは樹林に覆われた道が続き、初夏にはギンリョウソウが咲き乱れる。九五町石を過ぎると、またもやゴルフ場と接近する。左手の谷には、OBで飛び出したゴルフボールがたくさん転がっている。少々興醒めする光景である。

九一町石を過ぎると静かな空間が戻ってくる。九〇町石から九二町石にかけて、左手の山肌斜面にサンシュユの栽培林がある。三月下旬～四月上旬には黄色い花が咲き、斜面が黄色く彩られる。サンシュユの別名は「ハルコガネバナ（春黄金花）」、この時期に町石道《ちょういしみち》を歩けば、必ず「黄色い妖精」に出合えるのがうれしい。

やがて、右手に湿地帯が現れたかと思うと八七町石がある。町石ごとに建立の願文は異なるが、町石を建立した者の思いが凝縮された願文を紹介しておこう。

「一見卒塔婆　永離三悪道　何況造立者　必生安楽国」

その意味は、「卒塔婆を一見しただけでも、永久に地獄・餓鬼・畜生の三悪道から逃れられる。

いわんや卒塔婆の造立者であれば、必ず極楽往生できる」（筆者の口語訳）ということである。この偈頌《げじゅ》（仏の功徳を称える韻文）の願主は、正面を見ると「沙弥慈佛・沙弥成佛」、左側面に「沙弥印佛・沙弥永佛」となっている。どうやら、ある僧侶が万人救済と自らの往生を誓ったものらしい。

ほんの少し歩くと笠木峠。古峠同様、上古沢への分岐点である。峠を越えた所にある笠木村は、白河上皇（一〇五三～一一二九・第七二代）が高野参詣の際に宿所としたと伝えられている（『扶桑略記』参照）。

雑木林と植林が混ざるなか、町石に刻まれた町数が減っていくのをありがたく思いながらひたすら歩き続ける。七二町石と並ぶ三里石を過ぎ、六九町石付近からは町石道の左下を通る国道370号線（元高野山有料道路）を走っていく車の音が聞こえてくる。祈りの道に聞こえる車の音……これもまた興醒めだが、左側面に「法華経」の一部が彫られた六一町石を過ぎると、国道370号線と国道480号線が交差している所の脇に建つ矢立《やたて》の六〇町石は目前となる。

その手前の石段を上ると地蔵堂がある。『紀伊国名所図会』によれば、「地蔵堂、茶屋の前にあり。本尊は大師みづから土砂を練りて作らせたまふとぞ。是より山上を高野とす」とあり、空海が土をこねてつくったという地蔵尊が祀られており、当時はここから上がいわゆる高野山の「七里結界内」とされていたらしい。「砂こぜ地蔵」とも呼ばれ、天野の修験者もここを拝所としていた。

また、「むかし狩場明神の射させたまへる矢の立ちしといふ杉あり。矢立杉と號《なづ》く」ともあり、これが「矢立」の由来らしい。しかし、この杉は今はない。もう一本、「矢立松」と呼ばれる樹囲約六メートル、直径にして二メートル近い松の大木も生えていたというが、これも焼失してしまっている。

古くからこのあたりは街道の交わる所で、「四軒茶屋」とも「辻の茶屋」とも呼ばれる茶屋が並んでいたそうだ。また、空海がつくり方を村人に教えたという焼き餅がこのあたりの名物となっており、今も街道筋に何軒かの茶屋が残っている。

六〇町石からは国道３７０号を横断し、「矢立茶屋」と大きな看板が出ている店の手前を登っていく。五九町石の横には六地蔵が祀られており、それについて『紀伊国名所図会』には「此處にて道筋すべて六つに分るる故、六地蔵とも言う」と書かれている。

五九町石の横にある六地蔵

面白いことに、現在でも矢立の交差点は、京阪神、海南、かつらぎ町、紀伊細川、九度山《くどやま》町、そして高野山と六方面への分岐点になっている。自動車道になったせいで道が付け替えられ、交差点から離れてしまった六体の地蔵だが、今も行き交う旅人を見守ってくれている。

後宇多上皇の執念

矢立は花坂村に属しているのだが、その「花坂」はもともと「鼻底」と表記されていた。その由来は不明だが、一三一三（正和二）年に御幸した後宇多《ごうだ》上皇（二〇ページ参照）の凄まじいエピソードが残されている。

後宇多上皇もまた「何が何でも徒歩で高野山へ」と考え、さらに町石を一石ずつ丁寧に奉拝しながら歩き続けた結果、ここ鼻底で激しい雷雨に遭い、疲労も手伝ってついに気絶してしまったという。上皇に万が一のことがあってはならないと、供の者が輿《こし》に乗るように懇願したのだが断固として拒否した。

「私の多年の宿願は、これらの諸仏を巡り拝することにある。今、この結界の霊地を歩む事がなかったら、どうして来世においてふたたび王となることができようか。私は今、俗世間から浄土に詣でている。一仏を拝するたびに心底から罪垢が消えてゆき、一歩あゆむ度に、足下に八葉の蓮台が開けてくれる。だから如何なる天候もいとわないし、どれほどの日数がかかってもかまわない」（五二ページ前掲の「高野山学」の資料より）

このように言った上皇はさらに歩みを続け、ようやく山上に到着したときには、慈尊院を出発からまる一昼夜が過ぎていたという。

現代の皇室ならいざ知らず、この高野詣でにおいて初めて草鞋《ぞうり》を履いたともいわれる、文字どおりの雲上人である中世の上皇をしてここまで駆り立てたのは、空海と浄土への果てしない憧れにほかならない。また、町石の一つ一つもそれにこたえうる「祈りの道しるべ」であったことを示すエピソードといえる。

いよいよ聖域へ

五五町石を過ぎると左手に「袈裟掛石《けさかけいし》」がある。空海が自身の袈裟を掛けたと伝えられており、袈裟掛石の間隙《かんげき》をくぐれば長生きするともいわれている。身近に高野山を感じ、結界の中に入ったという雰囲気が漂ってくる。

五四町石の近くには「捻《ねじり》石」の供養塔が建っている。前述したように、結界内はかつて女人禁制だった。空海の母は、そこに入れぬ自身を嘆くあまり、傍らの石を捻じってしまったという。天野の修験者の行場にもなっていた捻石だが、今はない。

次に見えてくるのが「押上石」。たまりかねて結界を越えて空海の母が高野山に入ろうとしたとき、激しい雷雨となり、やがて火の雨に変わった。空海は大岩を持ち上げ、その下に母を匿ったといわれている岩には、空海の両手の跡が残っていると伝えられている。

　現在、押上石の上には、火の雨が悠久の時の流れによって形を変えたような巨木が生えており、空海が母を助けるスペクタクルシーンがありありと想像できる。この巨岩を押し上げるポーズで、写真を撮っていく参詣者も多い。

　周囲の植生も矢立までとは一変する。金剛峯寺の境内林であり、数百年前の実生や手植えの杉、桧の巨木が林立する清浄感のあふれた空間は、まさに聖地を歩いているという実感が湧いてくる。沢水も流れているため、あたりは夏でも涼しい。町石道《ちょういしみち》の全行程にはシダ類が少ないのだが、このあたりの林内には一〇〇種近いシダが生育している。わずかだが、ヒトリシズカも観察することができる。

袈裟掛石

押上石

四七町石から四五町石にかけては道沿いに杉の巨木が並んでおり、まさに壮観である。半分以上は人工林なのだが、樹齢数百年の杉林が並ぶこの付近がもっとも自然を豊かに感じる所である。自然だけでなく、人と自然の融合が感じられる場所ともいえるような感じがする。

一九九六（平成八）年、四二町石の修復の際に、経文の書かれた扁平な川原石が発見された。「礫石経《らくせききょう》」と呼ばれているものだが、紀ノ川の河原で普通に見られる石に墨書きされた経は「金光明最勝王経」といわれ、鎮護国家の経典であり、高野山の僧侶の重要儀式でも必ず読経されるものである。

丸い石は、熊野の七里御浜沿岸でも清浄な石として大切にされている。「水によって清められる」という考え方は共通したものだったのだろう。なお、五一町石からも一個、三七町石からは三〇〇個以上も発見されていると聞く。

空海によって日本に「輸入」された真言密教は当初から「鎮護国家」を標榜していたわけだが、考えてみれば、町石建立の時期は「元寇」のときと重なっている。蒙古という外敵から国家を護るために、祈願を込めて町石は建立されたとも考えられる。

再度、元高野山有料道路である国道480号線を渡る。渡った山際に四〇町石があるが、これはちょっと見落としやすい。ここから展望台の四阿《あずまや》に向けて急な登りになっているが、この道は町石道《ちょういしみち》ではなく、展望台に上るために造られた道である。本来の道は国道480号の敷設で姿を消し、三七町石から三九町石まで三本の町石は国道沿いに建っている。

三六町石から元の町石道に戻る。傍には四里石も建っている。右手には杉の巨木が立つ境内林が広がっているが、この一帯はヤマザクラも多く見られる。平地よりも開花が遅いため四月中旬以降も桜の花を楽しむことができるので、このシーズンに歩くのもおすすめである。

二七町石の近くに「鏡石」がある。太陽が当たると表面が鏡のように見えるといわれており、この岩の角に座って真言を唱えると必ず願い事が成就するといわれてきた。現在は苔むした上に落ち葉が乗っていて「鏡」のイメージが湧きにくいが、よく見ると岩のあちこちに鉱物系の滑らかな場所があり、そこへ木漏れ日が差すと、まさに人の心を映す鏡のように光り輝くさまを目にすることができる。

近くに「大日石」「観音石」「不動石」という修験道の行場があったら

人の心を映す（？）鏡石

しいが、今はまったく分からない。

右手から沢の音が聞こえてくる。鳴子川の流れである。休憩所を過ぎ、急な登りを行くと二四町石がある。左に分岐する道は「長坂」と呼ばれている道で、江戸時代には街道として機能していたようだ。当時の、大門口の女人堂に至る道でなかったかと思われる。

そういえば、「現在」の町石道《ちょういしみち》について、『紀伊国名所図会』に次のように記されていた。

「右に入りて大門の正面に出づるを古道とす。迂回なるを以て、通行する者なくおおいに廃すれども、町石なほ存ぜり」

ほとんど埋まってしまった二一町石を見て歩みを進める。周囲には、樅《もみ》や栂《つが》も混じった杉、桧の森が続いている。一六町石は、当時、鎌倉幕府の出張所兼高野山の監視所を兼ねていた金剛三昧院（一六九ページで詳述）が寄進したものである。建立の奉行は、安達泰盛の祖父である安達景盛（?～一二四八）が務めた。また、一四町石も同院の僧衆が寄進したものである。

一二町石からは、大門に向かって長い登りがはじまる。一一町石付近には三椏《ミツマタ》が見られ、春には黄色い花が咲いている。ひょっとしたら、楼門になる前、鳥居の形をした大門はこのあたりにあったのかもしれない。

案内犬ゴン

九町石を過ぎると、視界の上部に道路のガードレールが迫ってくるのだが、なかなか近づいては来ない。大門到着を目の前にして思うのは、慈尊院にいた高野山への案内犬「ゴン」のことである。野良犬だったが、いつのまにか九度山《くどやま》駅から慈尊院、やがて慈尊院から高野山への町石道を、かつて空海を導いた狩場明神が遣わした白黒の二匹の犬のごとく、歩みの遅い老人や女性といった参詣人を案内するかのように毎日往復するようになった。時には日に二往復することもあったというゴンは、一九九〇（平成二）年に慈尊院の飼い犬となり、その後も多くの参詣人を案内していたが、フィラリアと老齢が原

慈尊院にあるゴンの碑

因で引退したのち、二〇〇二（平成一四）年六月五日に永眠した。

筆者も何度かゴンを見かけたことがあるが、いつも忠実に参詣人の少し前を歩き、大門に到着したらすぐに麓まで引き返していった姿が妙に記憶に残っている。案内はされずとも、ゴンの姿を見かけただけで元気を分けてもらったという参詣人も多いし、この道では、道案内をする犬がいるということ自体が当然なこととして受け止められていた。このような不思議な感覚も手伝って、ゴンの健気な姿を一生忘れることはないだろう。

空海の心に触れる道

最後の急坂を、やっとの思いで大門まで登る。八町石は大門を背にして左斜め横に建っている。元は大門に至る道も斜めについていて、大正時代のころまでは大門を右斜め前方に仰ぎ見つつ近づいていくようになっていたらしいが、その後に行われた高野山道路の拡幅工事によって、今では上り詰めた途端、正面にそびえ立つ巨大な大門が目に飛び込んでくるというロケーションになっている。現在のほうが、たどり着いた感激は大きいように思う。

振り返ると、木々の間から西の空が開けている。空海もここから、若き日に修行した阿波国（徳島県）を望んだのかもしれない。

町石道《ちょういしみち》は、展望が開け、眼下に緑なす山並みが見わたせる場所もあるが、多くは古来から樹木の生い茂る山中を踏み分けて高野へと進んだ登山道である。道幅も、数人が横になって歩ける場所より、やっと一人が通れるほどの小径のほうが多い。登山道であるこの道は、何といっても「修行の道」なのである。そして、胎蔵界一八〇尊の道標が一町ごとに建てられた「祈りの道」でもある。

昔日の旅人が山中を歩くとき、現在では想像もできないほどの不安に陥ることも多かったであろう。そんな道中で、道標であり、仏の象徴でもある町石は、旅人の目にはとても頼もしく映ったにちがいない。何しろ町石は、山中で目

大門から西の空を見る

にする唯一の人工物なのだ。現在なら、自然を満喫中に人工物を目にしたら興醒めする人もいるかもしれないが、町石は、そこにあることでこの道が高野山へ続く「浄土への道」であることを知らしてくれ、道中の安全を見守ってきたのだ。

実際、この道では山賊も仏罰を恐れて出没しなかったとも伝えられている。町石を拝しながら、旅の安全と一罪消滅を祈りつつ高野山を目指した昔日の旅人は、まことに心安らぐ思いであったことだろう。一町ごとに浄土へ近づいていること、そして自らが浄化されていくという実感を味わったにちがいない。

近年、四国八十八ヶ所めぐりを打ち終え、結願の「奥の院参り」に町石道《ちょういしみち》を登る人も多くなった。また休日には、多くの人がそれぞれの思いをもってこの道を歩いている。この道をじっくり味わってたどれば、現代人のわれわれも、自ずと「衆生救済」の請願を打ち立てた空海の心に触れられるのではないだろうか。

第3章

待ち受ける伽藍

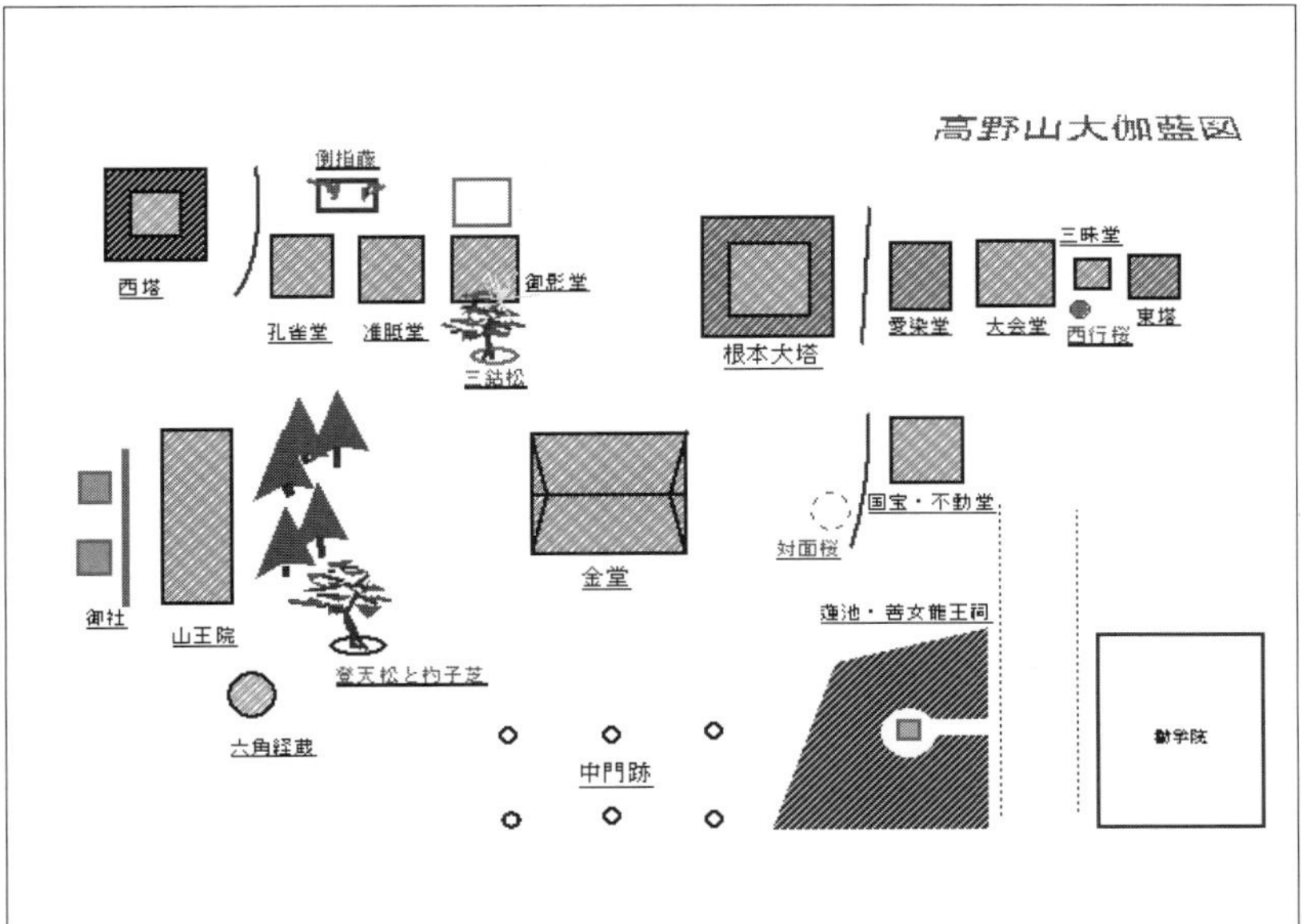

伽藍図（出典：霊宝館「よもやま記」）

日本唯一の山内町《さんだいまち》

町石道《ちょういしみち》を登り切って大門を真正面に見る。左側に目を向けると弁天岳（九八四・五メートル）への登山口があり、その入り口に大きな鳥居が建っている。この鳥居のすぐうしろにあるのが七町石である。先ほど述べたように、一つ手前の八町石は大門を挟んで右側のガードレールの奥に建っている。一九六〇（昭和三五）年に高野山道路（当時は有料）が完成するまでは、町石道が斜度を緩和するためにつづら折れに造られていたことを示すものである。

さて、弁天岳にまつわる話はのちに語ることにして、大門から高野山内へ入ることにしよう。まず迎えてくれるのが六町石で、あと六〇〇メートル足らずで胎蔵界の町石道を歩き切ることになる。大門が建っている高台から階段を下りると、すぐ左に五町石があり、民家や商店が建ち並ぶ、いわゆる「山内町」に入っていく。

よく、寺の周囲に開けた町並みを「門前町」と呼んだり、浄土真宗などの仏教寺院を中心に形成された集落を「寺内町《じないまち》」と呼ぶが、高野山は町自体が金剛峯寺という一つの寺院の中にある、日本唯一の「山内町」なのである。高野山全体がお寺というイメージで登山してきた人は、あまりにも普通の町並みが続くことに少々戸惑うかもしれない。

さらに、ここから東にある奥の院御廟へ向かっては緩やかに下っていくことになり、登山という印象が強い旅人からは、ときどき「高野山はどこから登るのですか?」と質問されることもある。「ここ、全体が高野山なのですよ」といつも答えているのだが、狐につままれたような面持ちになる人もいる。

また、現在、寺院より町家のほうが多いという町並みの形成については、明治初期の廃仏毀釈《はいぶつきしゃく》[1]と、一八八八（明治二一）年の「高野の大火」が大いに影響している。

江戸時代、最大で一八六五か寺を数えた高野山、そのときは商人たちもお寺の長屋に暮らしていたので高野山中がすべてお寺だった。それが廃仏毀釈によって廃寺が増えたうえに、大火で全山がほぼ焼失したことから現在の一一七か寺に統廃合され、空き地には民家が建ち並ぶようになった。

（1）仏法を廃し、釈迦の教えを棄却すること。明治初期、政府の国家神道政策で神仏分離令が出されて仏教排斥運動が起こり、全国各地の寺・仏像・経文などが破壊された。

弁天岳の鳥居

山内町の町並み

高野山は「山上の盆地」である。現代では、多少の高低差はあるもののほぼ平坦な道が全域をつないでいるのだが、開創当時は山内全体が山の尾根尻で構成されていた。そのため、あちこちに「谷」があり、山内の地名は「〇〇谷」と名付けられている所が多い。ちなみに、大門から伽藍までは「西院谷」と呼ばれている（一四六ページ参照）。

山内《さんだい》に入ると、町石の間隔はそれぞれ約八〇メートルに縮まることは先に述べた。奥の院御廟までの金剛界三七尊に対応させるべく、三六（全体で一つと数え、合計三七とする）の町石を配置するための措置である。

なお、山内の町石のいくつかは、道路の拡幅などで場所が移動しているものがある。しかし、大門集会所の前の四町石は、発掘調査により位置が確定しており、そのため道路にやや飛び出した形で保護されている。

ホトケの町にも弁天信仰

四町石を過ぎると左手に児童公園があり、その奥に鎮座するのが祓川弁天《はらいかわべんてん》である。元は前述した弁天岳の中腹にあったが、明治時代にこの場所に移設されている。祓川とは、弁天岳を水源とする細い谷川の名前である。

空海が初めて高野山へ登ったとき、この地に魔障《ましょう》の難（悪魔の障害）があったので、それを祓《はら》い清めた川と『紀伊続風土記』には記されており、それが名前の由来と考えられる。修行の地をまず祓い清めるのは、当時としては当たり前のことで、さらに大きな魔障と交渉したという伝説が高野山のさらに東、立里荒神《たてりこうじん》（2）に残されている。

祓川弁天が弁天岳の中腹にあったのは、そこが町石道《ちょういしみち》からの近道であったからである。大門を通らずに山内へ入るための交差点ともなっており、当時、山内での規則を掲げた札があったことから「札場《ふだば》」とも呼ばれる四つ辻であった。もしかしたら、呪術的な一種の検疫所の役目を果たしていたのかもしれない。明治期になって、大門から伽藍への道が拡幅されたのにともなって札場を通る人が少なくなったので、現在の位置に遷座したものと思われる。

高野山における弁天信仰は、僧侶以外の人々（男子のみ）が住みはじめた江戸時代から大変盛んになったらしい。弁天岳の嶽《だけ》弁天をはじめとして、祓川弁天、湯屋谷弁天、綱引弁天、門出弁

（2）奈良県吉野郡野迫川村の荒神岳（一二六〇メートル）山頂にある神社。空海が高野山開山の際に勧請したと伝えられ、高野山の「奥宮」とも言われている。空海は毎月参拝に訪れたといわれ、高野山大学の学生も卒業までに必ず訪れるという。高野山駅よりバスで一時間。「立里荒神前」下車、徒歩一〇分。駐車場有り。住所：〒648−0301　奈良県吉野郡野迫川村池津川180　TEL：0747−37−2001

天、尾先弁天、丸山弁天という、いわゆる「高野七弁天」が地元ではよく知られており、現在も町内の人々がそれぞれの「講」をつくって祀り続けている。

「弁天」とは、元はサンスクリット語で「聖なる川」という意味の神であるサラサヴァティーが、ヒンドゥー教を経て神道や仏教に取り入れられたものである。川の流れる音から「音楽の神」とされ、やがて「学問の神」ともされたので「弁才天」と漢字で表記されるようになった。さらに中国において、「才」が「財」に転じたことで「財福神」としても崇められるようになった。

高野山では、まず空海によって魔性を祓い、聖をもたらすということで祀られていたものが、江戸時代以降、僧侶以外の住人（商人たち）によって「財福神」として信仰を集めたものと考えられる。

なお、先ほどの四町石だが、これは一七七七（安永六）年に再建されたもので、正面に「為法界衆生脱苦得楽」と願文が刻まれている。町石が建てられはじめた鎌倉時代には願文が彫られたものはなく、それ以降の時代に願文が刻まれるようになってからも、故人への供養や感謝報恩を意味するものが多かったのだが、江戸時代以降は再建されるたびに現世利益を求める願文が多くなっている。弁天社といい、町石《ちょういし》といい、その時代の人々の宗教観や現世感がよく表れているといえる。

かつて大きな湯屋があった

祓川弁天《はらいかわべんてん》からすぐ、愛宕谷の交差点から右へ行くと、これも江戸時代に勧請された愛宕神社がある。江戸時代になってから火災除けの神様である愛宕権現を勧請した理由は、僧侶以外の人々がたくさん住むようになり、人口が増えた結果、火事が増えたからかもしれない。

その交差点に建っているのが三町石である。一目で分かるほどバラバラに壊れたものを修復した跡が目に付くが、一九九七（平成九）年に高野山町石保存修理事業で地輪部を修復した際にはすでに全体がモルタルで接合されていたというから、昭和の時代に倒壊したものを修理したと思われる。

その三町石の奥に広い境内があり、湯屋谷弁天が祀られている。ここは、できれば雪がしんしんと降りしきるときに訪れたい所だ。わりと大き目の交差点に面しているのだが、石垣と杉木立で囲まれた境内に入ると不思議と音が消え、その

三町石の奥にある湯屋谷弁天

静かな境内に建つ弁天社と真っ赤な鳥居に真っ白な雪が降り積もるとき、まさにそこだけが幽玄な別世界となり、思わず時を忘れて立ち尽くしてしまう。

湯屋谷の名は、愛宕権現が勧請される前、そこに大きな湯屋があったことに由来する。この湯屋では、僧侶の階層や身分、または教学の違いを超えて平等な話し合いが行われていたと聞く。古代ローマなどでもそうだが、共同浴場は洋の東西を問わず、名実ともに「裸の社交場」になるということだろう。高野山の僧侶の階層や真言宗の教学の違いについては、おいおい述べることにしよう。

一町石《いっちょういし》を探そう

三町石から東に向かって左側は鬱蒼とした杉木立が並び、右側には商店群が続いている。春には新緑、秋には紅葉が鮮やかな通りであり、左側の歩道を歩くと道に張り出した枝々のトンネルから射す木漏れ日が美しい。その左側、伽藍周りの囲繞《いにょう》と杉木立に囲まれて少々見つけづらいが、二町石と一町石があるので探してみよう。一町石には看板があるので、比較的発見しやすい。

この二町石と一町石は、江戸時代の中後期、一〇代将軍徳川家治（一七三七〜一七八六）の時代の一七七三（安永二）年に、金剛界の三町石、四町石とともに皇室関係から再建のために寄進されたもので、二町石の右側面には「新女院御所賜白金若干・是為修福料再建此一基」と書かれている。つまり、新女院御所がこの一基を再建するために白金（白銀）を下賜《かし》されたことへの感謝を込めた記録である。

なお、このときにはほかにも朝廷から寄付があったらしく、白金二六枚で五基を再建したらしい。一基の平均が白金五・二枚となり、当時の物価からすると米が約四石買えた金額となるので、町石を一基建てるには大人三人と子ども一人くらいの一年分の食費が必要だったことになる。仮に現代において町石を一基建立するとすれば一二〇〜一五〇万円ぐらいと推定されているので、かつてとほぼ同額というのが興味深い。

さて、九度山《くどやま》から町石道《ちょういしみち》を歩いて来た人々は、この一町石を見てどれほどの感慨に浸ったことだろう。ようやくたどり着いた「一切の罪が許される浄土」。そう、目の前には密厳浄土である伽藍が待ち受けている。

胎蔵界　町石１番石（慈尊院側）

高野山そのものが金剛峯寺

高野山には二つの顔がある。一つは、伽藍《がらん》に代表される密教の根本道場としての顔、そしてもう一つは、「天下の総菩提所」と呼ばれる奥の院における死者への供養の場としての顔である。前者は出家者のものであり、後者は在家者のものと思われがちだが、この対照的とも思える事柄も本来は一つであるということを、実際に見て歩きながら考えていきたい。

空海自身が根本道場として開いたのが伽藍であり、空海入定後、空海自身が信仰の対象とされたことと浄土への憧れがあいまって、五六億七〇〇〇万年後に兜率天《とそつてん》から降臨して世の人々を救うとされる弥勒菩薩を空海とともに待つ場として開かれたのが奥の院である。

この二つを統括して運営しているのが高野山の中心に位置する金剛峯寺であるわけだが、もともと金剛峯寺とは一つの寺院を指す言葉ではなく、「金剛峯楼閣一切瑜伽瑜祇経《こんごうぶろうかくいっさいゆがゆぎきょう》」という経典から名付けられた、高野山真言宗の総本山という意味であり、いつの時代も高野山全体が金剛峯寺なのである。これを指して「一山境内地《いっさんけいだいち》」と言っている。

空海が高野山を開創に着手したころは、伽藍だけが唯一の「高野山」であり金剛峯寺であった。ここから東のエリア、つまり現在の金剛峯寺や奥の院方面は、空海入定後に徐々に拓かれていったものである。

空海は、伽藍に曼荼羅の世界を築くことを嵯峨天皇に約束した（八ページ参照）。それは、この世に浄土を現出させることであり、生きとし生けるものすべてを救うという契約でもあった。死んでから行く浄土ではなく、この世に浄土（この場合は大日如来の密厳浄土）をつくろうとしたわけである。

浄土は極楽だけじゃない

「浄土」といえば阿弥陀如来の極楽浄土がまず連想されるが、「十方浄土」といって、それぞれの仏には一つ一つの浄土があるとされている。「十方」とは、東西南北の四方に南東、南西、北西、北東を加えた八方に天と地の二方を足したもので、「あらゆる方向」という意味であり、仏はどこにでも存在し、救済の手を差し伸べてくれているという考え方である。

たとえば、曼荼羅《まんだら》の金剛界での配置を見ると、阿弥陀如来の極楽浄土は西方にあり、東方には薬師如来の瑠璃光浄土や、阿閦《あしゅく》如来の妙喜世界がある（同じ方向のため、この二つの仏は同体とされることも多い）。また胎蔵界での配置を見ると、菩薩は八方に配され、弥勒菩薩は北東に兜率天、観音菩薩は北西に補陀落山、となる。

ただし、金剛界では西が上位とされ、胎蔵界では東が上位となる。一見しただけでは方向が分かりにくいので注意が必要となる。また、華厳経によると観音菩薩の補陀落浄土は南にあるとされるので、熊野で行われた捨身行である補陀落渡海は南に向かって出発したのである。

このほかにも、毘盧舎那仏は蓮華蔵世界、多宝如来は宝浄世界、地蔵菩薩は佉羅陀山《きゃらださん》、釈迦如来は無勝荘厳国などとさまざまな浄土があり、高野山は、大日如来のおわす密厳浄土とされるわけだ。

中世以降、浄土への往生が広く民衆に望まれるようになったとき、数ある浄土のうち経典において「往生の仕方」が語られているのが阿弥陀如来の極楽浄土（阿弥陀経など）と弥勒菩薩の兜率天（菩薩処胎経）であったため、この二つの浄土がより重要視されるようになっていった。現代的に言えば、経典とはテキストであり、マニュアルでもあるということである。

一方、大日如来は真言密教の中心仏であると同時に宇宙全体そのものであり、すべての要素とも一体化している存在とされる。つまり、生きとし生けるものすべては、もともと大日如来の仏性を備えた化身であり、仏そのものであるというのが根本の原理である。そのことが通常見過ごされてしまっているがゆえにさまざまな煩悩に苦しむことになるわけで、それに気付くことで生身のまま仏となり得るのだ。いわゆる「即身成仏」を体得するための修行道場として、伽藍は開かれたわけである。

「壇上伽藍」と呼ばれる理由は、文字どおり約二〇〇メートル四方の一段高い広大な基壇の上に、本堂にあたる金堂や、大塔、西塔という二つの塔などが立体的に密厳浄土を象徴するように配置され、悟りの世界が三次元的に表現されているからである。標高一〇〇〇メートル近い山中に、これほどまでに大規模な建築群を築くという工事は、当然のことながら難航した。また、国家事業とせず、費用の捻出を一般からの勧進を主としたため経済的にも困窮があったとされている。

空海が構想した建物で在世中に完成を見たのは、御社《みやしろ》、講堂（現・金堂）、中院（空海の住まいで、現在の竜光院）と僧坊（二十一間僧坊）だけで、根本大塔は空海の甥で高野山第二世の真《しん》然《ぜん》大徳（二〇ページ参照）が約二〇年の歳月をかけて完成させたものであるし、西塔に至っては八八七（仁和三）年の建立、つまり開創以来七〇年の歳月を要したことになる。

さらに、その後一〇〇〇年以上にわたって伽藍にはさまざまな建物や史跡が増えていき、現代では出家した修行者だけでなく、大師信仰とあいまって在家の参詣者にとっても密厳浄土と大日如来を体験・体得できるエリアとなっている。

（3）正式には「大悲胎蔵生曼荼羅《だいひたいぞうしょう》」なので「胎蔵生」と呼ぶべきだが、両「界」曼荼羅として表記されることが多いので、便宜上、胎蔵界と記す。

中門の再建

それでは、大日如来のおわす伽藍の建築群を見ていくことにしよう。

現在では、伽藍の東に位置する金剛峯寺前の駐車場から「蛇腹道《じゃばらみち》」（一三二ページの写真参照）と呼ばれる参道を通って参詣するのが一般的だが、本来は前章で述べてきたように、九度山《くどやま》からの胎蔵界町石道《ちょういしみち》を輿や馬に乗らずに自分で歩き、伽藍の正式な玄関である中門前に用意された手水《ちょうず》で身を清めてから参詣するのが慣わしだった。

この中門が、高野山開創一二〇〇年の記念事業として、一八四三（天保一四）年に焼失してから一七〇年以上の時を経てついに再建されることになった。以前あった礎石とは違う場所に建てられることになったが、その理由は金堂との位置関係によるものである。これについては、のちに詳述させていただく。

古来、高野山では、屋根の仕上げは「こけら葺」や「檜皮葺《ひわだぶき》」が一般的であった。これは、冬期の厳寒のために当時の瓦では凍結によって割れてしまうのが理由だが、それゆえ落雷や失火による火災の場合には類焼しやすく、たびたび大火にも見舞われてきた。

中門もその例に漏れず、八一九（弘仁一〇）年に鳥居として建立されて以来、門、八脚門とその形態を変え、鎌倉時代の一二五三（建長五）年に五間二階の楼門形式に造り替えられている。その後も二度の焼失に遭い、その都度再建されてきたが、一八四三（天保一四）年に伽藍宝蔵から出火した大火によって、西塔のみを残して伽藍は焼き尽くされてしまった。それ以来、唯一残された礎石に昔日を偲ばせる日々が続いてきたわけである。

中門焼失時は幕末に向かうころで、世相は乱れており、勧進もあまり集まらなかったようだ。さらに、再建事業中であった一八六〇（万延元）年には、青巌寺（現・金剛峯寺）までが焼失してしまい、高野山は資金難に陥ってしまった。

明治維新を迎え、新政府の方針として

中世期の伽藍絵図に記される中門。建長5年（1253）5月、それまで三間一階だったものを五間二階の楼門に改めた記録がある。以後、この形式は、天保14年（1843）に焼失するまで継承された。（高野山霊宝館蔵）

中門の変遷

819年（弘仁10）	第１期　壇上金堂前に鳥居状の簡易な造作で創建。
847年（承和14）	第２期　簡単な形式の門を壇上金堂前に再建。
1115年（永久３）	第３期　三間一階の八脚門を壇上金堂前に再建。
1141年（永治元）	第４期　三間一階の八脚門を現在の中門跡地に移建。二天像を新造。
1253年（建長５）	第５期　五間二階の楼門形式に建て替え。
1774年（安永３）	中門焼失。二天像免災。
1779年（安永８）	第６期　五間二階の楼門を再建。
1809年（文化６）	中門焼失。二天像の御手・天衣を残し焼失。
1819年（文政２）	京都の仏師塩釜により、御手・天衣を元に二天像の復元。
1820年（文政３）	第７期　五間二階の楼門を再建。
1843年（天保14）	中門焼失。二天像免災。
2015年（平成27）	第８期　五間二階の楼門を再建。４月２日落慶。

神仏分離令が出されて廃仏毀釈が広がったことでますます衰退したわけであるが、追い打ちをかけるように一八八八（明治二一）年三月二三日、二四日と、高野山のほぼ全寺を焼き尽くすという火災が発生している。この大火によって寺の統廃合が起こり、明治初期には七七四坊を数えていた寺院が一一七坊という現在の寺院数になった。

高野山では、空海の入定を偲ぶ「御遠忌大法会」と高野山開創を記念する「開創大法会」をそれぞれ五〇年ごとに盛大に営むことになっているが、一八六五（慶応元）年の開創一〇五〇年祭では、青厳寺を再建するのがやっとというありさまであっただろう。また、一八八四（明治一七）年の御遠忌一〇五〇年大法会では明治天皇（一八五二～一九一二・第一二二代）から大塔再建のために一〇〇〇円（現在の約五〇〇万円）の御下賜金《ごかしきん》が下賜《かし》されたようだが、廃仏毀釈の影響で仏教は外来の不純な思想とされてしまっていたため、非常に寂しいものだったと記録されている。

ちなみに、明治天皇が御下賜金を下賜されたということは、天皇を神として国家神道政策を推し進めていた新政府に反して、天皇自身は古来より続く仏教への帰依を捨てていなかったことを示している。

大正時代になると、廃仏毀釈への反動と、空海が外来思想を日本の文化として再構築したわが国の英雄として再評価されるようになり、各新聞社が一大キャンペーンを繰り広げるまでになったのも好影響となり、一九一五（大正四）年の開創一一〇〇年大法会では、火災から各寺院の宝物を守るための霊宝館が日本初となる民間の博物館として建立された。その後も、一九二五（大正一四）年に大師教会の大講堂が建立されたほか、一九二六（昭和元）年に焼失した金堂が一九三四（昭和九）年の御遠忌一一〇〇年大法会のときに再建され、大塔も九四年ぶりに再建されている。

しかし、中門だけは再建に至らず、今回の開創一二〇〇年大法会でようやく再建されることになった。これについては、資金難というよりは中門の用材が育つのを待っていたという理由のほうが大きい。前述した伽藍諸堂の再建のうち、大規模建築である金堂も大塔も、収容されている諸仏を守るために防火優先で鉄骨鉄筋コンクリートによる再建（外観は木造）がなされたわけだが、中門だけは純木造でないと宗教的意義が薄れるため、金剛峯寺山林にて桧や杉の育林に取り組んできた結果である。

　桁行一七メートル、棟高一六メートルの巨大木造建築は、焼け残った持国天、多聞天の二天像に加え、このほど新造された増長天と広目天の四天王を囲む壁板の構造を組木状にしたり、通常分離して構築される各肘木《ひじき》を一体化するなどの工夫を凝らし、現代の耐震基準も満たしたうえで二〇一四（平成二六）年の秋に完成した。なお、今回再建された中門の様式は、神仏混淆のシンボルとして規模拡大された、鎌倉時代の五間二階様式を再現したものである。

　再建に携わった一人として、また筆頭の堂宮大工として、その過程を以下で述べさせていただくことにする。

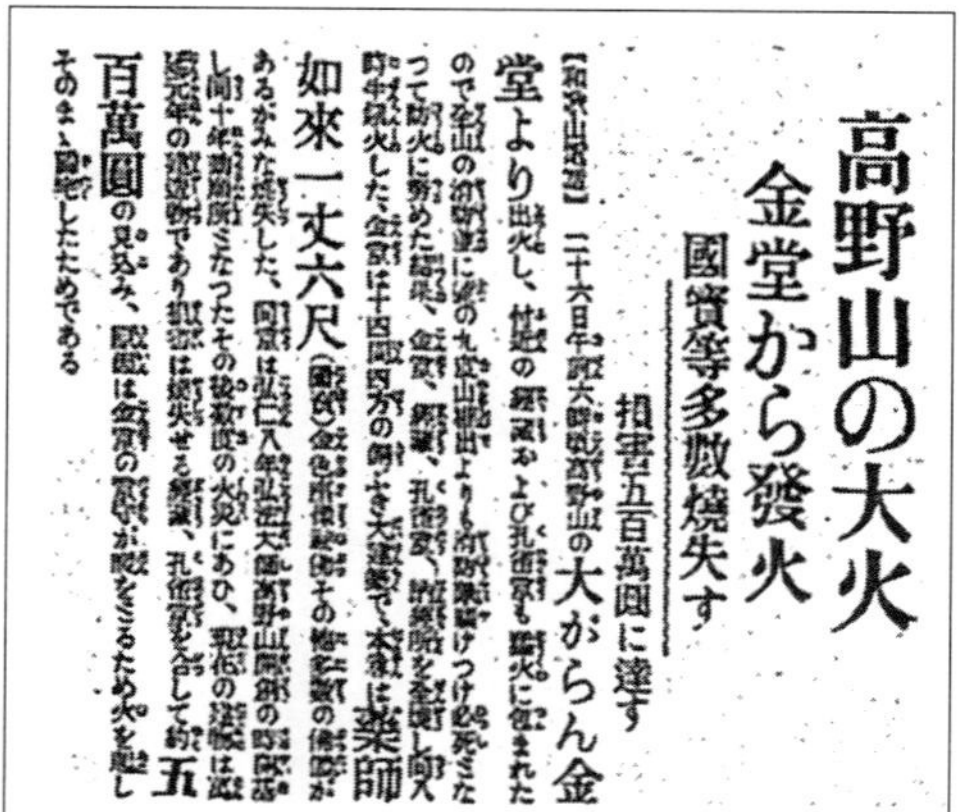
高野山の大火
金堂から發火
國寶等多数燒失す
損害五百萬圓に達す

朝日新聞　1926年12月27日付

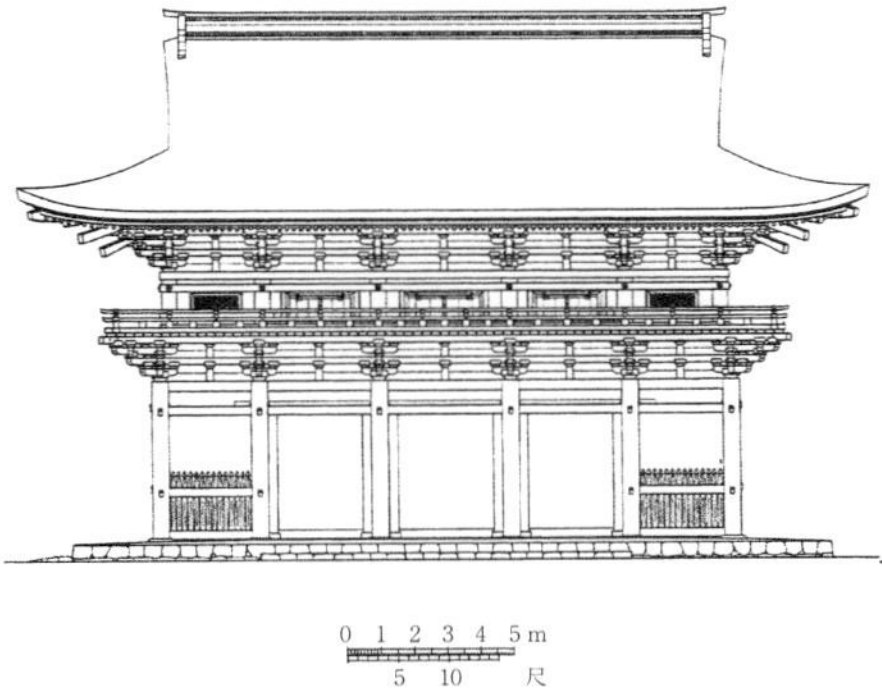

正面姿図

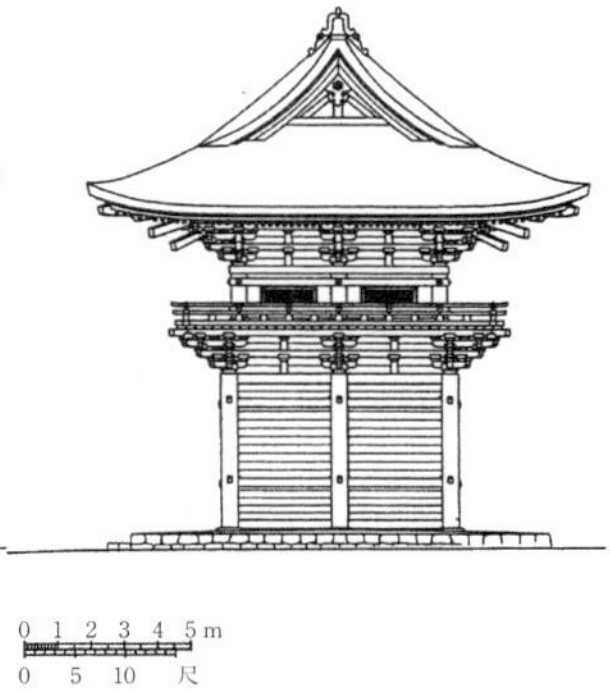

側面姿図

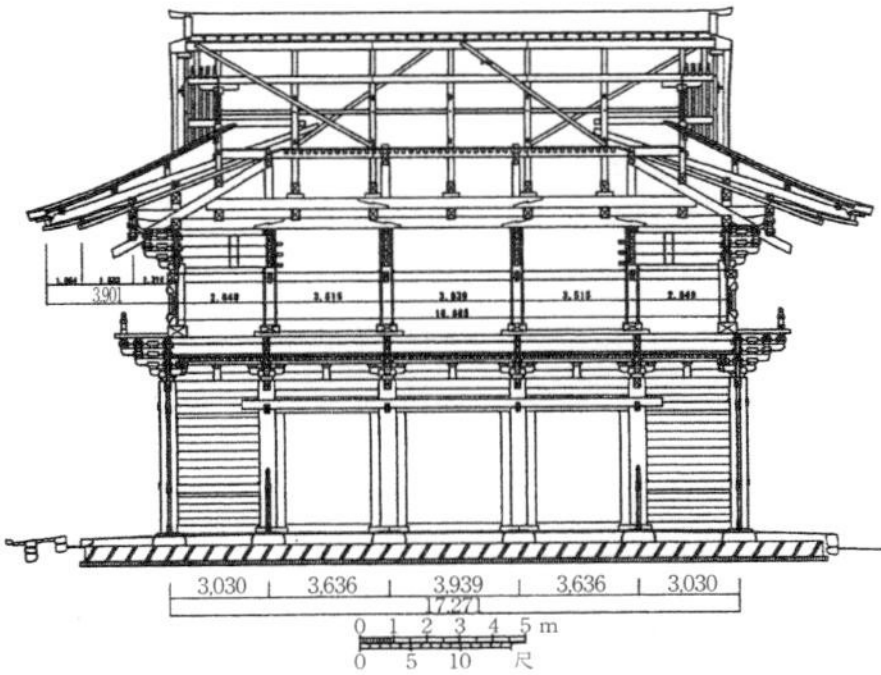

桁行断面図

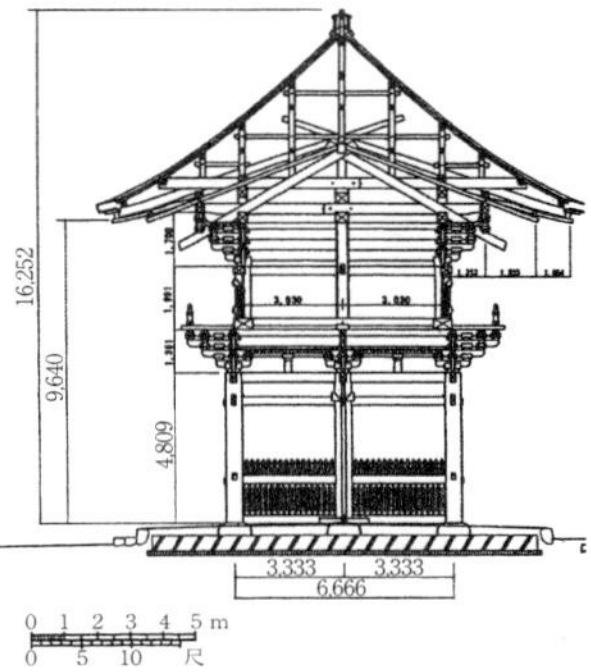

梁間断面図

中門平面図

平成の中門再建工事

一八四三（天保一四）年に焼失して以来、一七二年ぶりに中門が再建されることになった。その工事において、筆頭の堂宮大工として指揮を執らせてもらったことは、大げさではなく、この仕事をするために生まれてきたと思えるほどの感激であった。また、再建するための用材を高野の七里結界内（八ページ参照）から探し出してくるという役目も仰せつかっていたので、文字どおり、最初から最後まで中門再建にかかわることとなった。

用材の調達は、再建工事が開始される一年半前の二〇〇九（平成二一）年一〇月からはじまっている。山林育成に尽力してきた金剛峯寺山林部と寺領森林組合のおかげで、七里結界内において大径木が育成されている七つの山中に案内してもらい、設計・技術指導を担当された和歌山県文化財センター(4)の鳴海祥博技士のもと、樹齢三〇〇年から四〇〇年前後の桧《ひのき》の大径木七四本と、我がふるさとの山である摩尼山《まにさん》（一〇〇四メートル）より樹齢約一〇〇年の桧の中径木を一〇〇本伐採することが許された。

本来、この木々は「高野霊木」として伐採が禁じられてきたものである。唯一、間伐材の小径木のみが流通してきたわけだが、大径木の使用実績は少なくとも明治期以降はない。そのため、用材として適当なのかどうかという不安が多少あったが、実際に製材してみた木理《きめ》（木目《もくめ》のこと）は見事なもので、油分も地桧《じび》（和歌山の桧）よりはるかに多く、耐候性にも優れた見事な良木であった。

とはいえ、伐採と搬出には手こずった。歩きかねるような急峻な斜面での作業となり、架線設置のほか、最新型の揚力五トンという二翼のヘリコプターを使用しての作業となった。林業の衰退が叫ばれて久しいわけだが、まだ紀州山系には一トン以上ある大径木の伐採と搬出を行えるだけの技術者がいる。世界文化遺産の地に住む者として、また堂宮大工としてまさしく安堵するものがあった。

（4）　和歌山県における文化財などの調査、研究、修理を行うとともに、その活用を図ることにより、文化財などの保護並びに県民の文化財などに対する理解、認識を深め、文化の振興に寄与することを目的として設立された公益財団法人。住所：〒640－8301　和歌山市岩橋1263－1　TEL：073－472－3710

急斜面での伐採

見事な良木

ただ、近隣に大径木を加工できるだけの設備がないため、奈良の製材所まで運ぶことになったが、冬期から春間際まで奈良で貯木することで自然乾燥も促進できたと思っている。なお、春以降も、奈良に貯木しておくとヒビ割れが多発するため、製材できたものから順次高野山に戻し、墨付け、木割、加工といった作業を次々と施工していった。

用材探しと同時に、礎石となる巨岩も高野山系から調達したいとの趣旨に則り、さまざまな岩を見て回っている。もともと、高野山系から十津川山系に至る川石には硬度の高い巨岩が多く、伊勢神宮の五十鈴川などの河川改修にも古くから使われてきている。

しかし、折しも伊勢神宮の正遷宮の工期が先行していたため、この巨岩探しをはじめた時点では希少となっており、想像以上の苦労をすることになった。「おじいさんは山へ芝刈りに、おばあさんは川へ洗濯にとか言いますが、山へ入っては木を探し、川へ入っては岩を探し、これ、ほんまに大工の仕事ですかいな」といった冗談を口にしながらの探索となった。

地鎮祭の様子

礎石の選定

努力の甲斐あって（？）、また優秀な協力業者と幸運にも恵まれ、何とか一八個の巨岩を選定することができ、加工するために、石材業を主産業としている香川県高松市庵治町まで運搬した。

そして、二〇一一（平成二三）年四月二五日に起工式が行われ、同年七月二五日には盛大な地鎮祭も挙行された。その間、私たち堂宮大工はまず一八本の丸柱の加工に着手している。背割り(5)を入れられない単独柱については、金物の町として知られる兵庫県三木市に運んで、国内最長のドリルを使って五メートルに及ぶ柱の芯を穿孔したり、鎌倉時代の建造物を再現するため、槍鉋《やりがんな》で表面の加工を行ったりしていた。

工事の最難関は、鳴海技士がふと漏らした、「どうせなら、光付けをしてみたらどうか」という一言からはじまった。現設計では截《せっ》頭錐体《とうすいたい》、つまり平たく加工した岩の上に柱を載せることとなってい

（5）乾燥にともなう割れ生じるのを防ぐために、裏になる側にあらかじめノコギリで割れ目を入れておくこと。

穿孔を施した柱

槍鉋で表面を加工

たのだが、巨岩を自然の状態のまま使い、凹凸を柱の下端に完全に写し取ったほうがより鎌倉時代の建造物を再現したことになるのではないか、ということになってしまった。

「いやー、先生、石を平らにする技術は平安時代からありますやん」と筆者は反論したのだが、「それでも、重文になってる金剛峯寺の籠塀の土台なんかも光付けしてるよ。高野山らしさでいうと光付けだよ」と、鳴海技士に一蹴されてしまった。

「先生、でもね、大きさが違いますやん」と儚い抵抗を試みたが、この鳴海技士の一言が本山にも伝わり、光付けが採用されてしまったのである。

「光付け」の語源は、モノの形を光と影のように正確に写し取るからか、はたまた光も漏れぬよう凹凸を合わせるからなのか、はっきりしていないが、建物の柱や土台が基礎となる石と接する部分の凹凸だけを刻んで合わせる作業のことである。

　この作業、簡単にいえば歯医者で歯の形を合わせるようなものである。巨岩の上端にチョークを塗り、あらかじめ荒削りだけをした柱を上に垂直に載せ、掛け矢[6]で一撃するのだ。そして、付着したチョークの跡を削っていくという作業を繰り返していく。つまり、歯医者で「歯をカチカチかみ合わせて……」と言われたときと同じ作業をするわけだが、柔らかい白太部分を削り捨て、直径五二センチの固い赤身だけにした長さ五メートルの丸柱の重量は約一トン。それを正確に、垂直に上げ下ろしする作業も大変だが、少しずつしか削れないというもどかしさが加わったうえに、その数は一八本もある。

当然のことながら、建物下端に位置する地貫《じぬき》(7)も光付けすることになったため、この作業だけで約四か月を要し、当初に作成された工程から数か月の遅れが出てしまった。いくら職人一同が励んでも、遅々として進まぬ作業に加え、開創法会に間に合わないのではないかという不安から眠れなくなったのがこの時期である。

筆者の会社ごときが倒産するのは仕方がないとしても、工期に間に合わなかったら高野山から追放されるのではないか……。毎夜、そんな悪夢にうなされ、人生で初めて「死んだら楽やろなぁー」と思い続けた四か月であった。

しかし、この光付け作業がのちに中門再建工事自体を救い、目玉ともなった。というのも、職人一同が真面目に光付け作業に勤しんだ結果、柱一本一本が巨岩の上で垂直に自立するようになったので

(6)　樫《かし》などで作った大形の木槌《つち》のことで、杭《くい》などを打ち込むときや、モノを打ち壊したりするときに用いる道具。

(7)　横振れを抑止する材料のことで、一部基礎石と接している。

型取り

光付けの準備

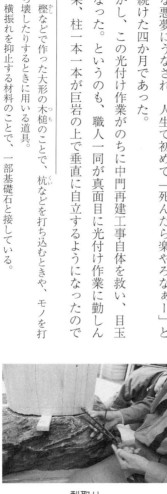

ある。もちろん、水平も合致してのことだ。

そこで、当初予定していた工法、つまり平たい石の上に一本一本柱を仮固定し、地貫、腰貫、頭貫などの横架材《おうかざい》で固定していくというやり方から、柱三本を鳥居のように貫で固定したうえで巨岩の上に自立させ、六列揃えたうえで一気に貫で固定することにした。

一八本の柱が揃うのに要する日数は、当初の工程では三か月だったが、この方式を採用した結果、なんと四日目には最後の仮固定用の楔《くさび》を外すことができた。また、一八本がそれぞれ垂直に自立した結果、誤差はほぼゼロとなり、通常だと微調整のいる建て直しの必要がまったくなかったのである。

一八本の柱の頭が完全に水平を保っているのを確認したとき、初めて工期どおりに完成できるという実感が湧き、長ーい長ーいため息をついたことを覚えている。二〇一二（平成二四）年三月二五日のことであった。

その後の作業は順調に進んだ。心配だったのは、乾燥に使える期間が比較的短かったため、各部材の収縮率の違いから来る接合部の

模型で確認

柱三本を鳥居のように仮組

狂いであった。しかし、これこそが高野の堂宮大工の腕の見せ所である。含水率を調べ、年輪の目の細かさを読み、北面と南面の日差しを考慮しつつ「殺すところは殺し」、「盗むところは盗み」、縁板などは「地獄に止めて」入念に施工した結果、一番上の棟を載せた時点で水平・垂直の誤差はわずか数ミリ、ＪＩＳ規格の一〇分の一以下の精度を保つことができた。

それにしても、大工の世界で使われている通称には物騒なものが多い。「殺す」とは、組み合わせる部材をあらかじめ叩いて縮めておき、組み合わせてから木材の復元力をもって接合面をピタリと合わせることで、叩く作業のことを「殺す」と呼んでいる。また「盗む」とは、接合面の角が乾燥したり、湿潤したときでも隙間が空かぬよう、やや強めに接合する代わりに内部をある程度削ってクリアランスをとることである。つまり、空間を「盗む」わけである。そして「地獄」とは、釘を使わない接合方法のうち、楔を使って一度止めると二度と外れないようにする組み方のことである。「いったん入ったら出ない」ので「地獄」と呼んでいる。

接合部の確認作業

組み上がってから行う塗装については、基本的には鎌倉時代に使われていた五色、つまり朱（弁柄）・白（胡粉）・緑（緑青）・黄（黄土）・黒（松墨）が採用された。朱の明度・彩度については、現存する伽藍境内の根本大塔が比較的明るい朱色に塗られているわけだが、中門はあくまで鎌倉時代の再現ということであったので、やや暗めの弁柄色とした。なおかつ、経年したときに現存する大門と同様の印象を与えるような色柄を採用した。

ただし、高野霊木は油分が多く、通常の弁柄では油染みがにじみ出てくるため、工事初期から何種類もの試験塗装（風雨にさらすなど）を繰り返した結果、下地全面に漆を塗布することでにじみが抑えられることが分かった。

とはいえ、高野山の低温、高湿度という気候では、弁柄が定着できる時期は七月から九月くらいしかない。そのため、できあがった部材から順に着色していき、組み上げてからさらにタッチアップを施すという塗装屋泣かせの工事となったが、連絡を密にしたことで塗りむらが出ないように仕上げることができた。苦労をかけた塗装屋さんには、この場を借りて謝意を申し上げたい。

鎌倉時代の色に塗装

「雀と大工は軒で鳴く」という言葉をご存じだろうか。直線で構成される構造体に比べて、曲線が多用される軒と屋根の造りは寺社建築においてはもっとも難しいところである。しかし、鑑賞される側からすれば「まさに醍醐味」ともいえる部分である。

とくに、今回の中門建築においては鎌倉時代の建築手法を採用したため、梃子の原理を用いて屋根の内部で軒先を支える「桔木《はねぎ》」と、垂木を接続するための江戸以降の大発明である「饅頭鉄《まんじゅうがね》」と呼ばれる補強金具が使えなかった。そのため、桔木と軒先の先端になる茅負《かやおい》の接続を強固で経年変化に耐えるものにする必要があり、それこそ入念な仕口《しくち》を施した。

また、屋根の隅の角度については、鳴海技士の強い希望で、江戸期以降の建物が多い高野山ではあまり作例が見られない「振れ済《ふれずみ》」が採用されている。どういうことかというと、屋根の隅の角度を四五度ではなく、妻側から見る角度を拡げているのだ。これによって妻側の屋根勾配を緩和できるメリットがあり、さらに棟を短くし、破風《はふ》を長くすることで、見た目にも鳥が翼を広げたような雄大かつ優美な屋根となる。読者のみなさんもよくご存じの、京都・宇治にある平等院の鳳凰堂と同じ造り方である。

入念な仕口《しくち》を施した茅負

振れ済の屋根

ただし、隅を振るだけでは収まりが散漫になるので、振った隅と四五度の隅が軒先で収束するように納めた。また、道路側から見上げたときと、伽藍の金堂側から水平に見たときの角度の違いも考慮して、もっとも美しく収まるよう、試行錯誤を繰り返して角度を決定している。

本書は高野山を紹介することを目的としているため、これらの作業工程を詳しく述べないが、最後に、屋根を葺く材料である檜皮《ひわだ》の調達で頭を悩ましたことをお伝えしておきたい。先にも述べたように、時同じくして伊勢神宮の正遷宮や熊野本宮大社の工事があったからである。しかし、高野山に住む檜皮職人の献身的な努力のおかげで揃えることができ、二〇一四（平成二六）年一一月に完成を見ることができた。

なお、高野霊木の使用率は全体の七割以上を占めており、もし購入したとしたら、七億円を超える金額となる。ちなみに、もともと中大径木を必要とせず、霊木を使用するに及ばない用材と、楔《くさび》や屋根下地などは高野産の欅《ケヤキ》や杉を使用している。

鎌倉時代の建造物を再現した中門は、手前味噌ながら、高野山の堂宮大工の技術力の高さを示すとともに、育成、伐採、運搬という高野山および紀州山系がもっている林業の技術なくしては実現できなかったと思っている。これら連綿と続いてきた技術の伝承も、筆者は世界遺産のもつ文化の一つであると強く断言したい。

檜皮職人の献身的な作業

完成した中門

焼失した金堂と本尊

再建された中門を過ぎて、壇上に向かうことにしよう。石段の上には密厳浄土が展開されていて、真正面に「金堂」が威風堂々と建っている。桁行約三〇メートル、梁間約二四メートル、軒高約二四メートルの巨大な高野山の総本堂であり、もとは「講堂」と称していた。今でも、正月に行われる修正会《しゅしょうえ》、春と秋の彼岸会、結縁灌頂《けちえんかんじょう》（一三九ページの註参照）など、重要な行事はすべてここで執り行われている。

金堂は八一九（弘仁一〇）年に造営が開始され、空海入定後の八三八（承和五）年に完成したのち、焼失と再建を繰り返してきた。前述したとおり、現在の金堂は一九三四（昭和九）年に、それまでの二層楼閣造りではなく、耐震耐火のために一層入母屋造りの鉄骨鉄筋コンクリート造で再建された。

このときの再建で、大きさが西側に拡大されている。そのため中心線が西に移動してしまい、中門跡の礎石が示す中心とはずれてしまった。よって先述した中門の再建では、そのずれを解消することが考慮されたほか、現存する礎石を保護するために配置も工夫されている。

金堂が焼失したのは、大正時代の終わりである。大正天皇（一八七九～一九二六・第一二三代）

が崩御され、「昭和」と改元された翌日の早朝、凍らないよう火鉢で温めていた燈明の油に引火したのが原因といわれている（九一ページ参照）。当時の高野山は現在よりもさらに寒く、積雪も一メートルを超えることがしばしばで、燈明の油さえも温める必要があったのだ。

当時、金堂には、平安時代の開創以来の秘仏とされていた阿閦《あしゅく》如来像をはじめとして、金剛薩埵《さった》坐像、不動明王坐像、普賢延命菩薩坐像、金剛王菩薩坐像、降三世明王立像、虚空蔵菩薩坐像の七体が安置されていたが、この貴重な仏像がすべて焼失してしまっている。言うまでもなくこの焼失は、高野山だけでなく日本文化にとっても大きな損失となった。

七体のうち、薬師如来と同体ともされる本尊の阿閦如来像は、彫刻家・高村光雲（一八五二

重要な行事が執り行われている金堂

〜一九三四）の献身的な努力と、光雲自身がのちに語った数々の僥倖《ぎょうこう》によって無事に再現されている。秘仏であったがゆえに、大きさが一丈六尺（約四・八メートル）であったということ以外、姿形を伝えるものが何も残っていなかっただけに高村の功績は大きいと言える。ちなみに、古色を付けるためにさまざまな土が試されたようだが、唯一成功したのが奥の院の土だったそうだ。

御社《みやしろ》――空海が真っ先に手がけた建物

金堂の右奥には「大塔」がそびえ立っているのだが、まずは、この伽藍境内のなかでも空海が最優先し、最初に建てた建物を見るために左方面に歩いていこう。

金堂正面から左へ進んで正面に見えるのが、軒化粧が白く美しい「荒川経蔵」である。右手には十角形の柵に囲まれた「登天の松」と「杓子の芝」がある。この二つは、それぞれ大師信仰と中世以降の浄土信仰を示すものだが、その説明はひとまずおき、登天の松越しに見える巨大な鳥居と狛犬に注目しよう。

何故、密教（仏教）の伽藍境内に神道の象徴となる鳥居があるのか。これこそが、空海が高野山開創において最初に着手した「御社《みやしろ》」の入り口である。

空海は、嵯峨天皇から高野山を下賜《かし》されたあと、まず天野の丹生都比売《にうつひめ》と、その息子といわれる高野明神を高野山に勧請し、伽藍の一番西、つまり金剛界では最上位となる場所に御社を造って祀った（胎蔵界では東が上位となるが、その位置には後述する大塔を配置している）。

地主神に対する信仰と、大日如来への同時信仰は矛盾することではない。すべてが大日如来の化身および分身とされているが、土着の神への崇敬と敬慕は、当時の日本人として、また山岳修行者であった空海にとってもごく自然なことであった。空海は、師の恵果《えか》(8)から学んだ真言密教の教えと、日本古来の神道を矛盾なく体系化したわけである。

この神と仏を同時に祀るという形態が、日本での神仏混淆のはじまりとも言われているが、のちに日本各地で見られる本地垂迹説（たとえば、天照大神はもともと大日如来の化身である

(8)（七四六～八〇六）唐の僧。「けいか」ともいう。真言八祖の第七祖（第八祖は空海）。不空三蔵に師事し、金剛頂経、大日経の両系統を統合して密教を究めた。唐の皇帝三代にわたる国師として門弟多数。青龍寺に住し、空海に密教大法を伝授した。

月夜に浮かぶ荒川経蔵（撮影：山本誠）

とするような説）は高野山ではあまり採用されず、あくまで神は神として、仏は仏としてそれぞれを祀ってきたのである。

また、丹生都比売《にうつひめ》だけではなく、その子である高野明神も同格の神として祀った理由としては、高野山を実質的に支配していた天野の豪族への配慮であったという説もある。これは、高野山の使用権を得る代わりに、天野の長、そしてその子々孫々を高野の神として祀るという契約であったのかもしれない。

山王院——神に披露する最重要儀式の場

御社の大きな鳥居をくぐると「山王院」と呼ばれる拝殿がある。その奥にある御社《みやしろ》を拝する場所だが、ここは神社ではなくあくまでも寺院であり、仏側が神側を祀るという形態がはっきり表されている。また、地主神である丹生都比売は女神であり山の守（王）でもあるので、「山王院」と称しているわけである。この山王院では、高野山におけるもっとも重要な儀式の一つである「竪精《りっせい》論議」が旧暦の五月三日に、そして「御最勝講《みさいしょうこう》論議」が旧暦の六月一〇日と一一日に、それぞれ夜を徹して行われている。

山王院

御社

竪精《りっせい》は、高野山内の各塔頭《たっちゅう》寺院の住職で、「院家《いんげ》」と呼ばれる中堅僧の二人が竪義《りゅうぎ》（生徒役）と精義《せいぎ》（指導役）として自坊に高野明神を迎え、その後一年間、高野の七里結界から離れず精進潔斎して祀り続けたのち、修行の成果としての問答を高野明神に披露するという儀式である。

一方、御最勝講《みさいしょうこう》は、竪精が成満した二年後、空海の真筆と伝えられる「金光明最勝王経」と呼ばれる経典を二日四座にわたって講讃（問答）し、鎮護国家を祈る法会である。

この二つの儀式を無事成満して初めて、「院家」[9]という地位から「上綱《じょうごう》」[10]という称号を得ることができる。いわば、高野山における僧侶の昇格試験ともいえる儀式であり、僧侶の修行ぶりが神に捧げられるという点も高野山の特色の一つとなっている。

朱塗りの御社《みやしろ》は山王院と対峙するように、背後に山を背負いつつ一段高い石垣の上に鎮座している。重要文化財として登録されている名称は「山王院本殿」で、通常なら山王院のほうが「御社拝殿」と呼ばれるべきだろうが、そうなると山王院も神社の一部となって

御最勝講論議への行列

御最勝講論議

しまうための配慮であろう。

御社の扉が開かれるのは竪精と御最勝講のときだけだが、結界越しに眺めると、狛犬が白と黒の犬であることが分かる。高野明神が猟師の姿になり、狩場明神として白と黒の二匹の犬に空海を高野山まで案内させたという伝説がもとになっており、江戸時代までは、この伽藍の境内には扶持《ふち》を与えられた白黒二匹の犬が飼われていたという。

御社は、三つの社の総称でもある。向かって右から「丹生明神社」、「高野明神社」、そして

---

(9)　門跡寺の別院にいて、本寺の諸務を補佐する僧のこと。

(10)　寺院を管理・運営し、僧尼を統括する上座《じょうざ》・寺《じ》主《しゅ》・都維那《ついな》の三つの僧職を三綱《さんごう》というが、上綱は上座を指す。

御社の狛犬（黒）

御社の狛犬（白）

十二王子と百二十番神を祀る「総社」である。十二王子とは、神が子どもの姿となって現れた様子を表し、百二十番神は、三〇柱の神が四方を護るとされることから、あらゆる神を合祀するという意味で「総社」と呼ばれている。

あらゆる神を合祀する総社

四〇〇年も光り輝く棟札《むねふだ》

天野にある丹生都比売神社《にうつひめじんじゃ》の社と同じ大きさに造られていることからして、丹生明神社と高野明神社に対する敬意がうかがえる。なお、この二つの明神社の屋根は切妻造り妻入りで、向拝が付いているいわゆる「春日造り」である。この形式では、本家となる奈良の春日大社をしのぎ、丹生都比売神社と並んで日本最大といわれている。一方、総社のほうは、切妻平入りで屋根を葺き降ろす、いわゆる「流見世棚造り《ながれみせだな》」となっている。いずれも屋根は檜皮葺《ひわだぶき》である。

御社は約二〇年ごとに檜皮を葺き替える遷宮が行われているが、最近では二〇〇四（平成一六）年に実施された。このときは筆者も葺き替え工事に携わり、ご神体を遷座する作業にも就かせていただいたのだが、その際、社の内部を垣間見る僥倖《ぎょうこう》にも恵まれた。

風食を受け続けてきた外部と違って、柱内部にくっきりと残った鑓鉋《やりがんな》の仕上げ具合に感心をしたわけだが（九七ページ参照）、それ以上に驚いたのは金銅製の棟札(11)であった。四〇〇年以上の時を経たとは思えないほど光り輝いている棟札に、「御社上葺彩色本願応其」と刻まれた文字がはっきりと確認することができた。

つまり、一五二二（大永二）年に再興された社だが、その六一年後の一五八三（天正一一）年に応其《おうご》上人(12)が屋根の葺き替えと彩色の修理を行ったことが分かる。卑俗なたとえだが、新品の一〇円硬貨よりピカピカしており、思わず「どなたかが磨かれたのですか?」と質問したところ、「ここが開かれるのは少なくとも先の遷宮以来です」という返事だった。

おそらく、そのときにも手を触れた人はいなかったであろう。いくら鍍金《ときん》（メッキ）が施されているとはいえ、湿度の高い高野山で四〇〇年以上も錆びず、変色もせずにそのままの状態を保

---

(11)　築造や修理の目的・年月日・建築主・大工名などの建築記録を記した木や銅板の札。棟木、梁など、建築内部の高い所に取り付けられる。

(12)　（一五三六～一六〇八）木食応其《もくじきおうご》とも呼ばれる。近江国の出身で、和歌山県橋本市を開いたことや、高野山の発展に尽力したことで知られる真言宗の僧。豊臣秀次事件の際には、切腹を認めざるを得ないという苦しい立場に立たされた。一八〇ページにて詳述。

っていることに往時の技術の高さを垣間見た。いやそれ以上に、何か不思議な力を感じずにはいられなかった。

西塔――大塔と一体で金胎不二《こんたいふに》を説く

御社《みやしろ》の北側には、先ほど少し見えた大塔とよく似た塔が建っている。「西塔」である。大塔と違うのは、彩色されておらず白木であること、一層目と二層目の屋根の間に二層目の屋根を支える柱が四本立てられていること、そして高さが九〇尺（二七・二七メートル）と、現在の大塔の一六丈（四八・四八メートル）よりもやや小ぶりなことである。ただし、鉄骨造の大塔と違って西塔は純木造である。純木造の多宝塔としては、日本で二番目の高さとなっている（一番は、数十センチの差で根来寺の大塔。国宝）。

純木造の西塔

西塔も記録上でいうと四度焼失しており、現在の塔は一八三四（天保五）年に再建されたものである。しかし、その創建は古く、大塔と対になるよう、真然《しんぜん》大徳（二〇ページ参照）によって光孝天皇（八三〇〜八八七・第五八代）の庇護のもと八八六（仁和二）年に造立されている。

創建当初は、現在のような多宝塔形式ではなく五層五丈と伝えられている。果たして、五層が五重塔を示すものかどうかははっきりしないが、五丈ということから高さが一五・一五メートルであったものと思われる。また、五重塔であれば釈迦の仏舎利を祀る目的で造られていたはずなのだが、その後、曼荼羅の立体化である多宝塔形式に改められていることからして、密教の教えである二つのルーツが大きくかかわっていると思われる。

その二つとは、これまでにも記してきた「金剛界」と「胎蔵界」と呼ばれるものである。これらは曼荼羅として描かれることが多く、金剛界曼荼羅は「金剛頂経」という密教経典をもとに、胎蔵曼荼羅（大悲胎蔵生曼荼羅）は「大日経」をもとに描かれている。それぞれ七世紀から八世紀にかけてインドで成立したものであり、主尊仏は大日如来なのだが、系統が違う経典として扱われていたものを一対の両界曼荼羅として統合したのが空海の師である恵果《えか》（一〇九ページの註参照）である。

この教えを受け継いだ空海は、金胎不二《こんたいふに》、すなわち客観世界を表す「理の金剛界」と主観世界を表す「智の胎蔵界」は、対照的でありながら本来は一つのものであるという考えを推し進めていった。そして、この曼荼羅を立体的に表したものが「多宝塔」なのである。西塔の内部では、金剛界の大日如来を胎蔵界の四仏が囲むという形がとられているが、大塔の内部では、逆に胎蔵界の大日如来を金剛界の四仏が囲む形となっている。

この、異なるものも本質は一つとする「金胎不二《こんたいふに》」の考えこそが真言密教の根幹であると同時に、二元論を超越して、善と悪、存在と不存在、増えることと減ること、さらには生と死の本質を見つめることとなる。ちなみに、曼荼羅という漢字表記は「manda-la」の音写であり、この場合、漢字自体のもつ意味とは関係がない。「Manda」が「本質」という意味で、「la」はその所有格を表している。つまり、「本質をもてるもの」という意味となる。

孔雀堂《くじゃくどう》、准胝堂《じゅんていどう》、御影堂《みえどう》——高野山の象徴的風景

観光ガイドブックなどでよく見かけるアングルの風景を紹介しよう。山王院の隣に建っている鐘楼堂の横から見る景色がそれである。事実、同じアングルで記念写真を撮られる参詣人が多い。手前右には「三鈷の松」が見える。空海が唐から帰国する際、師の恵果《えか》和尚から贈られた密教法具の一種である「三鈷杵《さんこしょ》」を明州（現・寧波）の浜辺から「私が会得した密教を世に広めるために

ふさわしい地へ」と言って東の空へ向けて投げたところ、日本まで飛来してこの松に掛かったという伝説が残っている。

通常、松の葉は樹種により二本、もしくは三本と固定されているものだが、この松は二本の葉の中に、稀に三鈷のように葉が三本あるものがある。その葉をお守りにするため、落ち葉を拾う参詣人もかなりいる。

左手には、手前から孔雀堂、准胝堂、御影堂が見える。「孔雀堂」は、後鳥羽法皇（一一八〇～一二三九・第八二代）の御願により、請雨（雨乞い）祈願のため一二〇〇（正治二）年に奉納されたものだが、一九二六（昭和元）年の金堂火災で類焼し、一九八三（昭和五八）年に再建されたものである。本尊である孔雀明王は快慶[13]作で現存し、重要文化財に指定されている。

(13)（生没年不詳）運慶とともに鎌倉時代を代表する仏師で、名前に「慶」の字があることから「慶派」の一人。

屋根が最も美しい御影堂

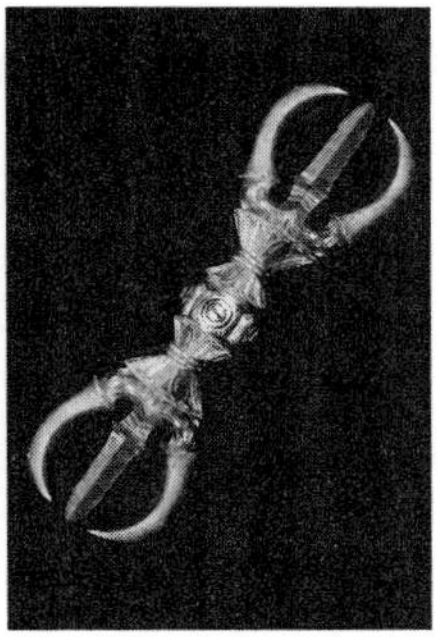

三鈷杵

そして「准胝堂」は、光孝天皇の御願によって真然《しんぜん》大徳が建立したものである。現在の建物は一八八三（明治一六）年に再建されたもので、本尊の准胝観音は密教修行者の得度剃髪の際の守り本尊である。

三番目の「御影堂」であるが、当初は空海の持仏堂となっていたが、空海入定後はその御影（姿図）が奉安されている。四国八十八ヶ所霊場でいうところの大師堂である。高野山内の建物でもっとも美しい屋根の姿と称えられているこの御影堂は、江戸末期の一八四三（天保一四）年に炎上したが、その四年後に再建されている。

伽藍は浄土ランド

御影堂のすぐ横に根本大塔がある。その説明をする前に、改めて伽藍の配置を考えてみたい。「壇上伽藍」と呼ばれる高台には、西に金剛界、つまり客観世界での最上位である神の社を、そして東には、胎蔵界つまり主観世界での最上位を表す大塔を置き、その中心に金堂（講堂）を配置することで金堂からの祈りをどちらにも届けることができるようになっている。

先ほど述べたように、金堂の北には弥勒菩薩を暗示する御影堂があり、その横には、魔物を食

column

味噌で守った御影堂

昔から、高野山は幾度も大火災に見舞われてきた。火種となる燈明やロウソクが原因と思われがちだが、この点については行法師や各寺院の厳重な管理体制があり、火災の原因になったことは少ない。万が一の場合でも、消火訓練が定期的に行われてきたので大規模な火災には至っていない。

大火災の主な原因は落雷によるもので、いったん屋根が燃え上がると、檜皮《ひわだ》で葺かれていただけに類焼しやすかった。檜皮が燃えると、火の塊となって上昇気流に煽られて１km 以上も飛ぶ場合があり、遠く離れた寺院が類焼したケースも多い。

対策として、蔵などは屋根の下にもう一つ土で塗り固めた陸屋根を設け、類焼を免れるために建具や空気抜きの隙間に味噌を目塗りして密閉するという方法も取られた。味噌には粘着性があり、塗りつけやすく、燃えにくく、表面が焦げても覆ったものを保護するという性質がある。これは、「火事息子」という落語のネタになるくらい当時の一般的な常識だった。

実際、1926（昭和元）年の金堂火災の際、孔雀堂、六角経蔵、納経所までもが全焼してしまったが、金堂に最も近い場所にあった御影堂だけは味噌によって類焼を免れている。伽藍近くで「金山寺たま味噌」を古くから商う水木商店から運ばれた味噌を各所に塗り着けたり、畳に塗って屋根に放り上げたりすることで、南東が少し焦がされた程度で焼失を免れた。

鎮火後も辺りには味噌の香りが長く漂い、しばらく消えることがなかったともいう。しかしこの火災、信者の間では祖師空海の御影の奇跡として、その威光が喧伝されることにもなった。現在でも、南東側の高欄の宝珠柱や束の一部が溶けたように細くなっているのが見られ、火勢の凄さを今に伝えている。（尾上恵治）

い尽くすといわれる孔雀明王と、密教修行者の保護仏である准胝観音が祀られている。そして、その玄関が南に位置する中門なのである。

密教修行者だけではなく参詣人をも迎え入れ、護り、さらなる修行を重ねるすべてがここに揃っている。これこそが「密厳浄土」である。その壇上伽藍には、ほかにもたくさんの建物や史跡がある。いずれも、大師信仰や浄土信仰がもとになっているもので、そのいくつかを紹介しておこう。

まずは荒川経蔵（一〇九ページの写真参照）、その姿から「六角経蔵」とも呼ばれている。文字どおり六角形の、お経を収めるための蔵である。一一五九（平治元）年、鳥羽法皇（五八ページ参照）の皇后であった美福門院得子《びふくもんいんとくしなりこ》（一一一七〜一一六〇）が法皇の菩提を弔うために、紺紙《こんし》に金泥《きんでい》で浄写された一切経を納めるために建立したものである。その維持費として、紀州・荒川の庄（現在の那賀郡桃山町付近）も同時に寄進したことが理由で「荒川経蔵」と呼ばれている。この「紺紙金泥一切経」は現存しており、重要文化財として霊宝館（一二九ページの註参照）に収蔵されている。

この経蔵には、ちょうど腰の高さのあたりに取っ手が数本付いており、数人がかりなら経蔵に沿って回すことができる。一回転させると一切経を一回詠んだ功徳《くどく》があるとされ、昔から参詣人に人気のある建物である。本来、経を納める蔵にこのような装置は必要なく、参詣人のためにこのような仕掛けがされていることから、伽藍が出家者だけのものではないことがよく分かる。

美福門院は、歴史上初めて高野山に全遺骨が埋葬された女性とされている。それまでにも遺髪や歯を納めた記録はあるが、美福門院の場合は、空海の地への埋葬を強く願ったために公事（裁判）まで起こる騒ぎとなった。

美福門院を非常に寵愛していた鳥羽法皇は、死後も一緒に過ごせるようにと生前から比翼の墓(14)を造り、その墓を守るために比叡山の僧六名との契約もすませていた。しかし、鳥羽法皇崩御のあと美福門院自身は、死後は空海のもとで過ごしたいと高野山での埋葬を熱望した。当然のことながら、職を失うことになる僧が公事を起こしたというわけである。その結果、美福門院の意向どおりの裁決となったわけだが、受け入れ側の高野山でも、女人禁制をどこまで適用するのかと、かなりの逡巡があったと伝えられている。

荒川経蔵と金堂の間には、十角形の柵に囲まれた「登天の松」と「杓子の芝」がある。如法という上人とその弟子の帰従が、弥勒菩薩の兜率天《とそつてん》(15)に昇天した跡と伝えられている。このように、

---

(14)　夫婦の戒名を一つの墓石に並べて彫る形式の墓のこと。

(15)　仏教の宇宙観にある天上界の一つ。欲界の六天（四王天、とう利天、夜摩天、兜率天、化楽天、他化自在天）の第四にあたる。内外二院あり、内院には将来仏となるべき菩薩が住み、現在は弥勒菩薩がそこで説法をしているとされる。ちなみに、外院には天衆が住む。

密厳浄土から兜率天にさらに昇天するという形態は、鎌倉時代中期に活躍した一遍上人（一二三九～一二八九）によって時宗が広められた結果でもある。時宗の普及によって高野山でもさらなる浄土への信仰が発生し、大師信仰とあいまって兜率天《とそつてん》への思慕が高まったのであろう。これもまた、在家信者への宗教的な暗示装置といえる。

そのほか、一一世紀に高野山を復興させたといわれる祈親《きしん》上人[16]が復興を占って植えた「逆指《さかさし》の藤」や、大塔の再建奉行だった平清盛（一一一八～一一八一）が空海と出会ったとされる「対面桜《たいめんさくら》」などは、むしろ在家者のためだけに用意されたものと考えてよいだろう。

このような壇上伽藍は、今風に言うならば「浄土ランド」とでも呼ぶべき存在である。

大塔――悟りの世界を立体化

一般的に「根本大塔」と呼ばれている大塔は、高さ一六丈（約四八メートル）という巨大な塔である。それまでにあった五重塔や三重塔ではなく、真言密教の根本道場として悟りの世界を立体化して表現するために、空海が考案した日本で初めての多宝塔である。

それまでの仏塔建築には「多宝塔」という概念はなかった。五重塔や三重塔のルーツは、すべて釈迦の骨である仏舎利を埋めたあとに建てられたストゥーパを模したものであった。ストゥーパとは、サンスクリット語の「stupa（仏塔）」に由来し、音写されたものが「卒塔婆《そとうば》」であり、今でも年忌ごとに墓に供えられるのが習慣化しているが、もとは「釈迦の墓」という意味である。

空海が構想した多宝塔は、釈迦の墓ではなく悟りの世界を立体的に表したもので、外観の特徴としては、二層に見えるが実は一層であり、内部は吹き抜けになっている（ただし天井があり、その上に金の宝珠が納められている）。そのため、一層目の屋根に見えるものは巨大な軒の庇で、「裳階《もこし》」と呼ばれている。

平面的な特徴も述べておこう。五重塔などはすべて方形（四角）で構成されているのに対し、多宝塔形式では一層目の平面は方形だが、二層目は円形に造られている。さらに二層目の円形部分は、立面で見ても丸く見えるように饅頭型の「亀腹《かめばら》」と呼ばれる形式で仕上げられている。ここにも、悟りの世界が四面ではなく、十方から来て十方に向かうという思想が込められている。

大塔内部は、まさに密厳浄土そのものである。胎蔵界の大日如来を絢爛に飾られた金剛界の四仏が囲み、その周りをさらに一六大菩薩が描かれた柱が囲んでいる。大日如来を中心にして、四方に四仏、さらに一六の菩薩と、放射状に悟りの世界が広がっていく様子が立体的に表現されて

---

(16)（九五八～一〇四七）定誉《じょうよ》とか持経上人とも呼ばれる。一五一ページ参照。

日本初の多宝塔として建てられた大塔

いる。そして、壁の四面には密教を伝えた八大祖師が描かれ、金胎不二《こんたいふに》の世界が大塔の中に結実している。

ひときわ高い基壇の上に立って偉容を誇っている大塔だが、これは視覚的に表現するためであり、階段を上れない人を拒否するものではない。一般に高野山内の寺院では、「高さ」や「段差」によって悟りの段階を表すことが多いわけだが、近年バリアフリーと馴染まないという指摘を受けることが増えてきた。しかしこれは、根本的な考え方の違いである。高野山では、たとえば段差がある所には修行僧が常時待機しており、サポートをするというマンパワーのバリアフリーが一二〇〇年にわたって続いているのである。もちろん、大塔の前の札所にも番僧が常にいて、参詣の手助けをしてくれる。

大塔の正面には真っ白い鐘楼堂がある。直径約一八〇センチ、高さ約二五〇センチの「高野四郎」と呼ばれるこの鐘は、かつてあった鐘が火災で半壊したものを一五四七（天文一六）年に改鋳したものである。改鋳当時は、東大寺の「南都の太郎」と呼ばれる鐘に次ぐ大きさで「高野二郎」と呼ばれていたが、その後、知恩院と豊臣秀吉（一五三七～一五九八）が造った方広寺の鐘に抜かれたため

高野四郎を吊る鐘楼堂

column

堂本印象（1891〜1975）

根本大塔の中には16本の柱があり、それぞれに菩薩像が描かれている。また、四隅には密教を伝えた八大祖師の肖像画が掲げられている。胎蔵界の大日如来を囲む16の柱にある「十六大菩薩」像は宙に浮いて迫ってくる。極彩色に満ちた、優しい菩薩様たちがあちらからもこちらからもやって来る。まさに、曼荼羅の世界の中に佇んでいるかのような錯覚に陥る。

この菩薩像を描いたのは、京都が生んだ近代日本画の大家・堂本印象である。堂本氏は1932年に白浜の別宅において揮毫を依頼されたようで、八大祖師像を1937年に完成させ、1941年4月に大菩薩像の柱への貼付作業を完了させている。

もっと堂本氏の絵が観たくなり、京都に行った。アトリエ兼旧居（非公開）の隣にある堂本印象美術館は予想をはるかに超えていた。美術館の外観は言うに及ばず、椅子や扉の取っ手までが堂本氏のデザインによるものであり、抽象表現の絵画も多くある。それは日本画の範疇に収まりきれない、総合芸術の世界だった。

堂本氏は、「日本画家」というよりも「マルチタレント」が似合うと感じたのだが、空海が従来の「僧侶」のイメージを超えてマルチタレントのような印象を我々に抱かせるのと、どこか似通っているようにも思われた。（築山省仁）

堂本印象美術館
〒603-8355　京都市北区平野上柳町26-3 TEL：075-463-0007

「高野四郎」と呼ばれるようになったという。

一日五回、午前四時、午後一時、午後五時（春の彼岸から秋の彼岸までは午後六時）、午後九時にはそれぞれ一八回ずつ、そして午後一一時には三六回撞かれ、合計で一〇八回となっている。修行のための時間を知らせつつ、毎日煩悩を払ってくれているということである。この鐘楼堂の横には札所があり、伽藍全体の管理を行っている。

伽藍を右回りに一周した。このあと再び中門に戻り、左手に約二〇〇メートル進むと、先に紹介した日本初の民間博物館で、建物自体が登録有形文化財に指定されている霊宝館[17]に着く。国宝二一件、重要文化財一四三件、和歌山県指定文化財一六件、重要美術品二件、合計一八二件、約二万八〇〇〇点を収蔵し、未指定品も含むと五万点以上の収蔵量を誇る博物館である。日本全体の国宝のうち二パーセント以上がここにあり、和歌山県の文化財のうち約九〇パーセントが収蔵されている。下世

霊宝館の入り口

(17)　開館：八時三〇分～一七時（五～一〇月は一七時三〇分まで）。入館は閉館の三〇分前まで。年末年始休館。有料。TEL：0736-56-2029

話な表現になるが、収蔵品に掛けられている保険を合計すると七〇兆円を超えるらしい。

いずれにしろ、これだけ膨大な量の収蔵品は一度に展示することができないので、霊宝館では年に四回ほどに分けて、各テーマに沿って密教文化を分かりやすく解説する企画展を開催し続けている。春夏秋冬、それぞれの季節の企画展を眺めるのも高野山の魅力の一つである。

壇上伽藍を下りて金剛界へ

大塔から中門に戻らず、東へ進むとすぐに階段がある。悟りの世界であり、密厳浄土である壇上から下りることになるわけだが、ここからは「修行の地」となる。奥の院へ向かって、金剛界一町石が建っている。北側は、愛染堂、大会《だいえ》堂、西行堂、東塔と続き、南側には国宝の不動堂が建っている。

「愛染堂」は、愛情と情欲という身を滅ぼしかねない煩悩を、生きる活力に昇華させる煩悩即菩提を象徴した愛染明王が祀られている。次の「大会堂」は、高野山で最初の僧侶の修行道場で、焼失後に再建されたものが現在も使われている。当時は「蓮華乗院《れんげじょういん》」と呼ばれていた（現在ある蓮華定院とは別）。

この大会堂の建立責任者が西行（六〇ページ参照）である。大会堂の横にある小堂で、西行はいわば学校長として監理・監督しつつ自らも修行に励み、読経に専念していた。それが理由で、「西行堂」とか「三昧堂《さんまいどう》」とも呼ばれている。

「東塔」は、教学上、西塔と対をなすものではなく、あくまでも東にある塔、という意味である。白河上皇（六三ページ参照）により建立されたものだが、これも火災で焼失しており、長らく礎石だけだったのが一九八四（昭和五九）年に再建された。そして、南側に建っている「不動堂」だが、五の室谷にあったものが移築されたもので、その解説は次章（一六六ページ）に譲ることにする。

東塔を過ぎたあたりから約三〇〇メートルほど、長い年月にわたって参詣人に踏み固められた小径が続いている。「蛇腹道」と呼ばれているが、曲がりくねっているわけではなく真っすぐである。平坦なこの道を「蛇腹」と呼ぶ理由は、それが眠れる龍の腹にあたる部分であるからだ。

空海にまつわるさまざまな伝説が日本各地に数多く残されているが、その一つとして、龍を自由自在に使いこなしたという伝説を紹介しておこう。

三昧堂とも呼ばれる西行堂

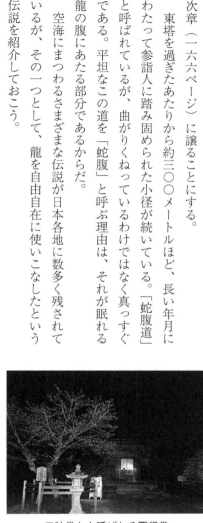

蛇腹道の南側には二つの池があり、それぞれ「清瀧大権現」と「善女龍王」が棲むとされている。清瀧大権現は、空海が唐より帰国する際、嵐に遭って難破しかけたときに空海の祈りに呼応して出現し、波を静めたとされる波切り不動明王（南院に鎮座）とともに現れ、そのまま高野山まで同行してこの地に鎮座したとされている。龍が海を渡ったので「さんずい」が付いて「瀧」になったわけである。一方、善女龍王の頭は、前述した西塔のあたりにあり、尾は後述する「千手院」（一七三ページ参照）まで伸びているとされている。そのため、高野七弁天のうち千手院にある弁天は「尾先弁天」と呼ばれている。

清瀧権現と善女龍王が棲む蓮池の南側には、鎌倉幕府によって建立された修行道場である「勧学院」が現在も修行の場として使われており、一般に公開されることはなく、長い築地塀に囲まれて佇んでいる。

龍が眠るとされる蛇腹道（撮影：山本誠）

辺りには、舗装された道路も、近代的な建物も見えず、ただただ往時を偲ばせる光景と原生林があるばかりだ。蛇腹道の土を踏みしめるとき、人はみな時代を超えた旅人となる。

第4章

高野山の歴史

高野山マップ（観光案内所などに置かれている）

東塔の横にある金剛界二町石から蛇腹道を東へ進むと、ほどなく三町石も見えてくる。このあたりは高野山内でもっとも原生林が残っている所で、晩秋の早朝に訪れると、蛇腹道が落ち葉で紅に染まったところへ木漏れ日が射し込み、紅葉のトンネルに紅い絨毯が光り輝くという、まさに夢のような光景に出合うことができる。何故、早朝にかぎるかというと、毎朝きちんと清掃がなされているからである。

さらに進むと、左前方の高く積まれた石垣の上に鐘楼堂が見える。「六時の鐘」である。「賤ヶ岳の七本槍（1）」と称えられた豊臣家きっての勇将、福島正則（一五六一～一六二四）が父母の菩提のた

福島政則建立の六時の鐘

めに一六一八（元和四）年に建立したもので、現在も午前六時から午後一〇時までの偶数時に時刻を知らせ続けている。「六時の鐘」と称されるのは、昔の人々の暮らしが日の出（明け六《あけむつ》）から日の入り（暮れ六）までを基準にしていたためであろう。

この鐘楼堂は一六三〇（寛永七）年に一度焼失したのち、正則の次男である正利（一六〇一～一六三八）によって一六三五（寛永一二）年に再建された。この鐘楼堂を建立したころ、福島正則は五〇万石を超える大名だったが、その後、徳川幕府によって改易されてしまい、正利の代にはわずか三〇〇〇石の旗本にまで零落していた。それにもかかわらず、同規模で一建立《いちこんりゅう》（寄付を頼まず一人で建立すること）したことは、いかに高野山への信仰が厚かったかを物語るエピソードである。ひょっとすると、元大名の誇りの現れだったのかもしれない。

「六時の鐘」の石垣の横に四町石がある。二町石、三町石と同じく、寄進者が「太上天皇」となっている。太上天皇とは、皇位を委譲した天皇に対する尊称で、一般的には「上皇」と略すことが多いわけだが、この場合、誰を指すかということがはっきりしていない。

鎌倉時代の建立当初であれば後嵯峨天皇（一二二〇～一二七二・第八八代）を指すのだが、江

（1）一五八三年、羽柴秀吉と柴田勝家が戦った賤ヶ岳の合戦の際に、秀吉方で功名を挙げた七人の武将のこと。福島正則、加藤清正、加藤嘉明、脇坂安治、平野長泰、糟屋武則、片桐且元。

戸・安永年間（一八世紀後半）に修復再建されていることを考えると後桜町天皇（一七四〇〜一八一三・第一一七代）となる。しかし、修復再建時に「太上天皇」と刻まれていたものをそのまま踏襲して刻んでいることも考えられる。もちろん、その時点で後桜町天皇が寄進したかもしれないわけだが、いずれにせよ特定することができない。また、四町石は一九二三（大正一二）年に再建されているので、それが鎌倉時代からの記名なのかどうかは特定することができない。

「六時の鐘」を過ぎると右手には大きな広場があり、左手が総本山金剛峯寺となる。現在、広場は公共の無料駐車場として使われており、「正御影供《しょうみえく》」[2]や宗祖降誕祭である「青葉祭」、そして春と秋の「結縁灌頂《けちえんかんじょう》」[3]など、さまざまな行事のあるときのみ車両の進入が制限されている。ここが、現在の高野山の中心部である。

屏風絵などの絵図を除けば、ほぼ正確に高野山の現状を写し取ったとされる最古のものは、一六四五（正保二）年、徳川幕府三代将軍・徳川家光（一六〇四〜一六五一）の時代に描かれた「高野惣山之絵図／正保二乙酉年十一月廿一日」（高野山大学図書館所蔵）である。ここに掲載した絵図は、約五〇年後の宝永三年（一七〇六）に描かれたものであるが、これを見ても分かるように、現在よりは小規模だがすでにこの広場があった。

絵図をよく見ると、他のエリアには所狭しと一八六〇余の僧院が描かれているが、現在の広場にあたる所には大木が一本描かれているのみである。これが一八一三（文化一〇）年の古地図に

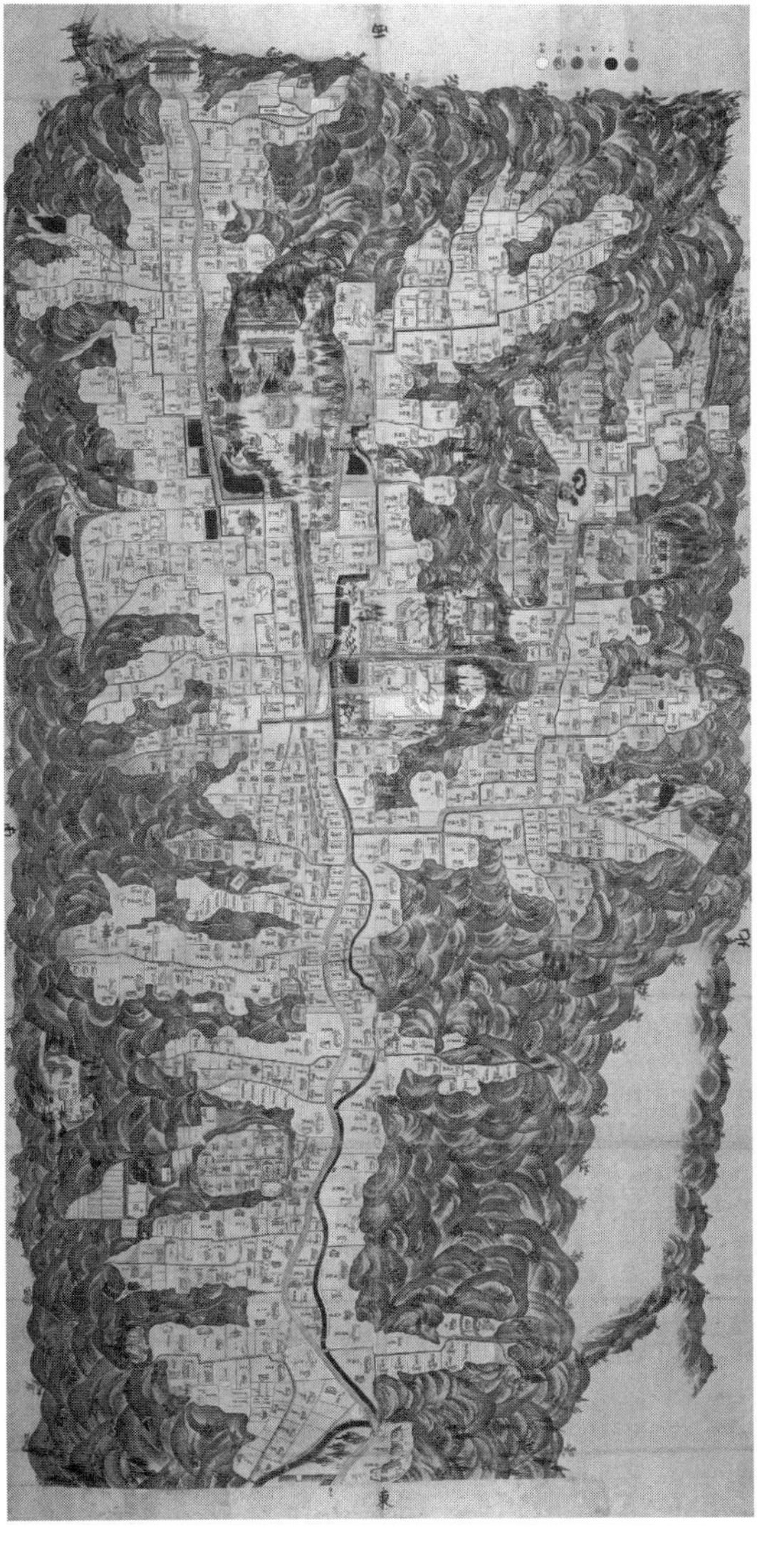

高野山絵図　江戸時代　宝永３年（1706年）（金剛峯寺蔵）

なると、この広場には「制札」が掲げられていたことが分かる。いわゆる「御触れ書き」であるが、おそらく中世のころから公共の広場として、また後述する学侶《がくりょ》派、行人《ぎょうにん》派、そして聖《ひじり》派共通の野外集会場として使われていたのかもしれない（一四一ページから参照）。加えて、防火用の池も時代によってはそこかしこに描かれている。

ちなみに、現在のような大きな広場になったのは、一九〇九（明治四二）年に火災が起こったのち、方位鑑定によって新たな建物の建設が禁じられたからである。

総本山金剛峯寺

広場から橋を渡って石段を上がると、大きな山門が目に飛び込んでくる。ここが総本山金剛峯寺である。境内全体を取り囲む籠塀《かごべい》をはじめとして、「大主殿」「奥書院」「経蔵」「鐘楼」「真然堂」「護摩堂」「会下門」が県指定の文化財となっている。

山門をくぐると広大な境内が目の前に広がり、東西幅三〇間

総本山金剛峯寺の山門

（約六〇メートル）、南北奥行三五間（約七〇メートル）という、これも巨大な入母屋造りの大主殿が迎えてくれる。ただし、見えているのは金剛峯寺全体の五分の一ほどでしかなく、境内の面積は四万八二九五坪（約一六万平方メートル）にも及んでいる。東京ドーム三・五個分という広大な面積で、甲子園球場だと四個分となる。

筆者の仕事のゆえだが、幅三〇間を貫く表廊下の大屋根の軒を支えている九本の蝦虹梁《えびこうりょう》はぜひ見ていただきたい。長さ四メートルはともかくとして、幅が一・四メートルもあるということは樹齢五〇〇年以上の良材が必要であり、当時としても希少だったはずの材をこともなげに使っていることで、この建物の荘厳さをさらに引き立

軒を支える蝦虹梁

（2）　弘法大師空海の入定の日に行われる法会。新暦と旧暦の三月二一日の午前九時からはじまる。後者を「旧正御会供」と呼ぶ。

（3）　曼荼羅の諸仏と縁を結び、聖水を頭頂に注いで、各人に本来備わっている仏の心と智恵を導き出す儀式。出家在家を問わず誰でも参加できる。五月三〜五日は胎蔵界、一〇月一〜三日は金剛界。いずれも午前八時から金堂にて行われる。入壇料は三〇〇〇円となっている。

てている。これほどまでに大きい建物になったわけは後述するが、国内外に約三七〇〇か寺の末寺と一〇〇〇万といわれる信徒を集める高野山真言宗一山の総本山として、まことにふさわしい構えといえる。

この場所は、もともと高野山第二世の真然《しんぜん》大徳（二〇ページ参照）が住坊としていた所で、玄関から見た一番奥に真然大徳廟がある。また、現在も金剛峯寺座主の住寺ともなっており、昔から多くの僧侶が暮らしてきた寺である。ここの台所には、一つで七斗（約一〇〇キログラム）の米が炊ける大きな釜が三つ置かれている。「二石の釜」と呼ばれているが、一度に二〇〇〇人分の米が炊けるということである。

主殿の各室を飾る狩野派をはじめとした絵師が描いた襖絵などは火災時に運び出されて現存しており、安土桃山時代後期の趣が随所に見られる。現在の主殿は、火災に遭ったのち一八六三（文久三）年に再興されたものだが、豊臣秀次（一五六八〜一五九五）が切腹した「柳の間」や座主居間、

「二石の釜」と呼ばれる大釜

蟠龍庭

奥殿、書院、茶室など、江戸期から現代までの各時代を象徴する宗教施設となっている。また、総面積二三四〇平方メートルという国内最大級の石庭である「蟠龍庭《ばんりゅうてい》」も見所の一つで、後述するさまざまな歴史が凝縮された魅力にあふれた寺院である。

金剛峯寺から東方面は千手院谷を挟んで商家が多くなるが、そのなりたちについて、道順と歴史に沿って見ていくことにする。

学侶《がくりょ》・行人《ぎょうにん》・聖《ひじり》——僧侶の階級と派閥

中世以降、仏教の普及にともなって僧侶にはさまざまな階級が生まれたが、高野山もその例に漏れず、大きく分けて「学侶」「行人」「聖」の三つの階級が生まれた。第2章（五五ページ）でも註として簡単に記したが、ここではもう少し詳しく説明をしていきたい。

「学侶」は、密教哲学の研究や修法、法会に専念する学僧集団であり、僧階の最高位に昇ることができた。高野山においては、第二世真然《しんぜん》大徳の門葉《もんよう》（親族およびつながりのある人々）が学侶になったという説がある。

「行人」は、主に諸堂の維持管理や炊事など実務に携わる寺僧集団で、年貢などの管理も行っていた。そして「聖」だが、本来は寺院に定住せず、遊行回国する念仏僧を指す言葉であったが、高野山の場合は半僧半俗で各地を巡り、弘法大師信仰を広めながら高野山への納骨（納髪や納歯も）を庶民にすすめつつ、一般信者から寄進を募るという勧進集団であった。このため「高野聖」とも呼ばれている。

「聖」には、太陽の司祭者、呪術者である「日知り」という言葉に、仏教が伝来したことで「聖」の字があてられたという一般的な説があるが、有史以来、集団生活のなかで大事な火の管理を行った「火知り」こそが語源であり、そのため高野聖も「燈明」を重んじるという説もある。

また、高野山の学侶、行人方からの公式見解というものもある。大谷大学の名誉教授であった五来重（一九〇八〜一九九三）が著した『高野聖』のなかでは、「非事吏事歴《ひじりじりゃく》」と記されており、僧位や学位、そして知行米の恩恵を受けられない者たち、つまり「吏務」にあらざる者としての蔑称である「非事吏」の文字をあてがっていた。

高野聖にかぎらず全国に見られる聖の多くは、宗団から推薦され、国に認証された国家公務員としての僧侶（年分度者という）ではなかったため、一段低く見られがちだった。とはいえ、遊行回国して仏教を広めた功績は大きい。「阿弥陀聖」と呼ばれた空也（九〇三〜九七二）がその嚆矢《こうし》であり、捨聖《すてひじり》一遍（一二四ページ参照）が行った念仏運動は、とくに一般民衆を仏教へ浸透させたことで、その後の日本の歴史において大きな影響を与えている。

また熊野には、仏教信仰を熊野曼荼羅や六道図《りくどうず》（一五四ページ参照）で絵解きしながら遊行した「熊野比丘尼《くまのびくに》」と呼ばれる女性の聖集団が存在した。これら各国を遊行する聖が身を寄せる拠点は、本宗団からやや離れた場所が多かったため「別所」と呼ばれることが多かった。もちろんこの言葉には、本宗団との差別化という意味も含まれている。

高野山においては、この三派が階級的な上下関係を保ちながら勧募はそれぞれ独自に行うことが常であった。そのため、時には寄進者の奪い合いや勢力争いも起こっている。たとえば、「東照大権現」（４）として祀られることになった徳川初代将軍家康（一五四三～一六一六）を祀る東照宮は、日光をはじめとして全国に五〇〇以上創建されているが、ここ高野山でも明治の廃仏毀釈を受けるまでは行人や聖によって別々に建立されたり、学侶の堂内で拝されていた。現在、高野山の観光名所の一つともなっている徳川家霊台は、もともと聖派の蓮花院（当時は大徳院と称した。一八三ページの註参照）によるものである。

聖派によって造られた徳川家霊台

（４）権現とは、この世に仮の姿で現れた神という意。

この三派のせめぎ合いが、壇上伽藍以東の高野の町の成り立ちに大きく影響している。とはいえ、三派がそれぞれ独立性を保ったおかげで、貴族階級から庶民まであらゆる階層の信仰の受け皿になりえたことが高野山の発展および存続に寄与したことは特筆すべきことである。

一方、このいずれにも属さない皇族系の覚法法親王《かくほうほっしんのう》（五八ページ参照）が開基した直轄寺や、鎌倉幕府由来の寺院なども高野山にはある。また一二世紀には、教学上の違いから「本山派」「伝法院派」という二派に分かれた時期もあるし、さらに一五世紀になると、学侶のなかでも「宝門」「寿門」という二つの教派ができるなど、非常に複雑な過程を経てきている。

ちなみに、真言宗全体では、現在「真言宗一八本山」と呼ばれる各本山を含めて約五〇の分派がある。空海が完成した唯一無二の真言宗において、後世に何故これほどまでに分派が発生したのか、また壇上伽藍以東の町がどうやってできあがったのか、その歴史をたどってみることにしよう。

一種の結界だった塗橋《ぬりばし》

金剛峯寺の前を流れているのが、高野山内を西から東に縦断する御殿川《おどがわ》である。昭和五〇年代、道路拡幅を目的として各所で暗渠にする工事が行われたため、現在ではその流れの一部しか見ることができない。

空海の在世時代、伽藍境内以外に空海が草創したとされる寺院（というよりは宿泊所である僧坊）は「二一間僧坊一宇」とされる。二一間といえば約四二メートルだが、それほど長大な僧坊がどこに建てられていたのだろうか。今となっては確かめようもないが、ひょっとすると真然《しんぜん》大徳の住坊であった現在の金剛峯寺境内だったのかもしれない。

いずれにしろ、壇上伽藍から東方面はほとんど開拓されていなかったのである。それを証明するのが、金剛峯寺を出て東方面に向かうとすぐ目に入る、道路の両側にある橋の高欄（手摺り）である。これは「塗橋」と呼ばれているが、高野山内で一種の結界とされていたものである。この横に一七七一（明和八）年に再建された五町石があるが、ここから東は主に聖《ひじり》たちの領域だった。

東のエリアが開拓されなかった理由には、経済的なことも考えられる。先にも述べたように、山上の盆地で冬期は極寒となる高野山の立地条件と、皇室から高野山自体を下賜《かし》され

結界とされていた塗橋

たものの伽藍や諸堂の建築については国家事業としてではなく、あえて民間からの勧進を主としたことで資金が潤沢ではなかったのだ。そのため整備が難航し、空海の構想が実現されるには七〇年もの年月がかかったこともあり、奥の院はともかく、その他のエリアの開発は進まなかったのである。

　後世になって、山内の開拓は徐々に進められていった。それゆえ、壇上伽藍から東のエリアに残る各地名は、空海が入定し、奥の院の御廟が高野の北東（弥勒菩薩の兜率天《とそつてん》の位置）に定められて以降、時代ごとに開拓されるたびに名付けられたものと考えられる。

　ところで、これまでにも述べてきたように高野山は山上の盆地であるが、随所に谷と川があったために地名には「谷」が付くことが多い。いわゆる「高野十谷《こうやじっこく》」である。「高野十谷」のうち、西院谷《さいいんだに》、南谷《みなみだに》、谷上院谷《たにがみいんだに》、本中院谷《ほんちゅういんだに》までが当初に命名されたもので、一心院谷《いっしんいんだに》、五之室谷《ごのむろだに》、千手《せんじゅ》院谷《いんだに》、小田原谷《おだわらだに》、往生院谷《おうじょういんだに》、蓮華谷《れんげだに》は、聖たちの開拓後に名付けられたものである（七八ページおよび見返しの図を参照）。

　大門周辺が「西院谷」と呼ばれるのに対し、壇上伽藍から東のエリアは、東谷ではなく「南谷」と呼ばれた。これはあくまで「伽藍の南」という意味であり、開創当時は伽藍周辺のみが「高野山」であったことを示すものである。

　壇上伽藍の北、空海の住坊であった竜光院のあたりは「本中院谷」と呼ばれ、そこから西は谷の上ということで、現在高野山高校のあるあたりは「谷上院谷《たにがみいんだに》」と呼ばれた。そして、現在は商店街の中心地である「千手院谷」や、その東西にわたる「小田原谷」、徳川家霊台のある「五之室谷」、さらには一の橋案内所に近い「蓮華谷」などの名称は、中世以降、聖派の有名僧侶や業績にちなんで名付けられたものである。一一世紀以降の浄土教の流布とあいまって聖派の勢力が増し、開拓も聖派によるものが多かったことを示している。

平安中期にはじまる入定留身伝説

空海が入定して八六年が経った九二一（延喜二一）年一〇月二七日、東寺長者と高野山座主を兼務していた観賢《かんげん》僧正（八五三〜九二五）の度重なる奏上により、醍醐天皇（八八五〜九三〇・第六〇代）から「弘法大師」の諡号《しごう》が贈られることになった。その報告のため、観賢座主と勅使が奥の院の御廟の扉を開けたとき、永遠の禅定《ぜんじょう》を続ける空海と出会ったとされる。

その姿はといえば、髪の毛は長く伸びきり、法衣や数珠がほころびて朽ちていたので、観賢自らが頭髪を剃り、天皇から下賜《かし》された檜皮《ひわだ》色の法衣に衣替えをさせたという。この伝説によって、永遠の禅定を続けて民衆を助けるという空海の「入定留身信仰《にゅうじょうるしんしんこう》」が生まれた。

この衣替えの儀式は、その後も連綿と続いている。空海の名代として高野山内で営まれる重要な儀式の導師を一年交代で務める寺務検校執行法印《じむけんぎょうしぎょうほういん》職(5)が開始される儀式は「転衣式《てんねしき》」と呼ばれているが、三月一〇日前後の吉日に開催されることから高野山に早春を告げる儀式ともなっている。また、旧暦の三月二一日に行われる旧正御影供《きゅうしょうみえく》（一三九ページの註参照）では、観賢《かんげん》によって建立された宝亀院の境内にある井戸（これも観賢自らが掘ったと言われている）から汲み上げた水と、蘇芳《すおう》（マメ科）や黄檗《おうばく》など数々の薬草で染め上げられた柿色の衣が毎年新調され、使用されている。

転衣した法印が籠に乗ってお練りをする（撮影：中村光観）

高野山滅亡の危機

空海の入定留身《にゅうじょうるしん》と、五六億七〇〇〇万年後に兜率天《とそつてん》から弥勒菩薩が降臨するという民間伝承とが一体となり、空海を先達に、奥の院で弥勒菩薩の救済を待つという大師信仰が完成し、高野山には密教の修行道場としての「伽藍」と、大師信仰の中心としての「奥の院」という二つの聖地が成立していく。ただし、大師信仰が確立し、参詣人が増えるのは一一世紀以降のことであり、そこに至るまでには高野山自体が無人化し、滅亡の危機を迎えた時期もあった。皮肉なことに、空海自身のカリスマ性と完成され尽くした教義がその原因であった。

同時期に活躍した最澄（七六七〜八二二）が開いた比叡山延暦寺の天台宗からは、天台宗を確立した円仁、円珍のほか、法然（浄土宗）、親鸞（浄土真宗）、良忍（融通念仏宗）、栄西（臨済宗）、道元（曹洞宗）、日蓮（日蓮宗）など、日本仏教史上に残る僧や新たな宗派が多く輩出され、「日本仏教の母山」と称されることと比べれば対照的である。

要するに、解釈の余地が残されていた天台宗の教義では、新しい解釈を加えたりして別の宗派を確立して新宗派の開祖として活躍できたわけだが、空海の教義はあまりに完璧だったため、第二世座主の真然《しんぜん》以降は、優秀な弟子が大勢いたにもかかわらず空海の残した教義を師資相承する(6)ことが主となり、高僧として世に出ることがなかったのだ。もちろん、その解釈の違いから数多

（5）東寺に座主を兼任されるようになった高野山側の対向措置として、空海の身代わりとして座主よりも僧階では上になる「検校職」を設けたが、その後、後宇多上皇より「法印位」が贈られ、後醍醐天皇より「寺務」という称号も獲得した結果の称号。

（6）師から弟子へと教義を伝えていくこと。

くの分派は発生しているが、基本的には空海を高祖と仰いで「真言」の教えを守り、民間の勧進を主体とした活動であったため、経済的にも安定した基盤を築くことが難しかったわけである。

さらに、空海の入定に際して金剛峯寺以外の寺（東寺、神護寺、安祥寺、仁和寺、醍醐寺など）の管理を各弟子に継承させたことも高野山を弱体化させる原因となった。つまり、これらの寺院に年分度者（一四二ページ参照）の推薦ができる権利をも分けたために各寺の独立性が高まったことで、相対的に高野山の地位が低下してしまったわけである。

また、都（平安京）に位置し、規模も大きい東寺との間で、どちらが本山でどちらが末寺かという「本末争い」も起こっている。そして、観賢《かんげん》が東寺の長者と金剛峯寺の座主を兼任するに至って本末制度が確立され、ついに金剛峯寺は東寺の末寺になってしまったのである。

観賢によって空海は「弘法大師」という称号を得、新たなる信仰を獲得していったわけだが、それはあくまでも東寺の真言宗が中心のものであり、高野山自体は徐々に衰微していくことになった。観賢としては、高野山を末寺に置くことで、東寺を真言宗の大本山として比叡山延暦寺の天台宗と対向しようとしたのであろう。そのため、天台密教が「台密」と呼ばれるのに対し、真言密教は「真密」ではなく、東寺の東をとって「東密」と呼ばれるようになっていった。

高野山の歴史は火災の歴史でもある。燈明からの失火もあるが、実際は落雷による火災がとくに多く、山上がほぼ焼き尽くされる大火災も何度か発生し、その都度、高野山のなりたちにも変化をもたらしてきた。

九九四（正暦五）年には伽藍大塔が落雷で出火し、御影堂のみを残して他の堂宇や子院のほとんどが類焼するという大火災が発生している（正暦の大火）。このとき、高野山第一二世座主である雅真《がしん》（五五ページの註参照）は、ひとまず僧侶の避難先として天野の丹生都比売神社《にうつひめじんじゃ》周辺に曼荼羅院を建立し、そこを拠点として奥の院御廟の復興などに取り組んだ。しかし、天野の高野山別院化が進んでしまったため山上は衰微し続け、ついに一〇〇一（長保三）年から一六年間にわたって無人となってしまい、奥の院御廟も苔むしたままになったと伝えられている。

万灯万華会の復活

この危機を救うべく復興に取り組んだのが、祈親《きしん》上人（一二五ページの註参照）である。祈親上人は聖《ひじり》ともされるが、奈良・興福寺系の持経者（法華経の行者）で、密教への信仰も厚い勧進僧だった。

この時代、帰依するのは特定の宗派、本尊にかぎられておらず、むしろ「八宗兼学《はっしゅうけんがく》」という言葉に代表されるように、さまざまな教義を理解することこそが大事とされていた。多神教ゆえ許された解釈でもあり、見聞を広めて教学を完成させるためには有益なことだった。言ってみれば、現代のように宗派ごとにしきたりや念仏が特定されておらず、禅を組みながら真言や念仏を同時に唱えるといったことはごく普通の修行だったわけである。

一〇一六（長和五）年、祈親《きしん》上人は奥の院の御廟に燈明を灯すための燈明料の勧進をはじめた。このときに点けられた燈明は「持経灯《じきょうとう?》」と呼ばれ、「消えずの法燈」として現在も奥の院御廟で灯し続けられている。

この燈明は、もともとお照という貧しい女性が父母の供養のために灯したものと言われている。これと同時に灯された奢れる大長者の一万もの燈明群は、空海がその傲慢をたしなめるために吹かせた一陣の風でたちまち消えてしまったが、お照の火だけは消えなかったという伝説がある（貧女の一燈。六〇ページ参照）。伝説ではあるが、祈親上人が勧進の対象と目的を一部の裕福な階級に特定せず、一般民衆にこそ定めて広く寄付を求め、万人救済を目的としたということがよく分かる話である。

祈親上人が奥の院への燈明を推し進めた理由は、空海自身が行った万燈万華会《まんとうまんげえ》に由来している。空海は、八三五（承和二）年の入定を予言していたといわれているが、その三年前の夏、高野山で初めての万燈万華会を行い、四恩に感謝の祈りを捧げている。四恩とは、国王・父母・衆生・

三宝（仏法僧）であり、天皇との約束である鎮護国家に加え、ここでも生きとし生けるもの、そして一般の民衆を大事にする態度がはっきりと示されている。

このとき書かれた「高野山万燈会の願文」の冒頭に、「黒暗は生死の源、遍明は円寂の本なり」とあり、暗黒こそは生死の（苦）の原因で、明るさこそ涅槃への根本であるとし、燈明を灯す行為の大事さを説いたうえで、有名な「虚空尽き、涅槃尽き、衆生尽きなば、我が願いも尽きん」という言葉を残している。

虚空は宇宙、涅槃とは悟りの世界、衆生は生きとし生けるもの、である。つまり、宇宙が尽き、悟りの世界さえもなくなり、生きとし生けるものすべてが輪廻転生して苦しむことがなくなれば私の願いも尽きるだろうという趣旨で、意訳すると「この世のすべてが消滅し、悟りの世界さえもなくなるまで、私は永遠に衆生を助け続ける」となる。

この言葉こそが、のちに「ありがたや　高野の山の岩かげに　大師はいまだおわしますなる」と天台宗の座主慈圓（一一五五〜一二二五。諡号・慈鎮和尚）が詠んだように、空海が奥の院で入定留身を続け、衆生を救い続けているという大師信仰の根源となる。

祈親上人は、このようにして奥の院に燈明を増やし、やがては万燈万華会を復活させることによって大師信仰を中心とした高野山の復興を目指したわけである。

密教の教学興隆を主とするよりも、大師信仰を中心とした祈親上人の復興計画は、ほかの聖の活躍もあり、目覚ましい成果を見せた。またこの時代は、釈迦入滅後一五〇〇年（二〇〇〇年とも）を経て、仏の教えの効力がなくなるとされた末法《まっぽう》思想が一般に流布しているときである。この末法の世が一〇五二（永承七）年からはじまるという説が広まったことで、逆に高野山の復興の手助けとなった。

本来、過去・現在・未来の三世にわたって民衆を救済するとされる仏教の教えからすると、末法思想は完全に矛盾するものだが、いつの世にもはやる一種の終末論が流布した結果、空海とともにさらなる未来（末法は一万年で終わる）の救済を求める願望が発生したのである。この時代の人々の宗教観として、死後の世界は確実に存在し、人は因果応報により六道《りくどう》（地獄・餓鬼・畜生・阿修羅・人間・天）に生まれ変わるというのが常識であったため、高野山は浄土に一番近い聖地として崇められたわけである。

壇上伽藍には、「逆指《さかさし》の藤」と呼ばれる藤がある。先にも述べたように（一一四ページ）、祈親《きしん》上人が高野山の復興がかなうかどうかを占うために逆さまに植えたとされるもので、見事に根が張り、復興もかなったという伝説が残されている。これも伽藍を中心として高野山が浄土であるという演出の一つではあるが、祈親上人が取り組んだ復興がいかに困難なもので、さらにそれが奇跡的に成功したということも同時に表されている。

上皇や貴族の参詣

一〇世紀には、すでに熊野や吉野は神聖なる山（浄界）として考えられていたようで、宇多法皇（三五ページ参照）は九〇〇（昌泰三）年と九〇五（延喜五）年に吉野の金峯山へ、そして九〇七（延喜七）年には熊野に詣でているし、花山法皇（九六八～一〇〇八・第六五代）も九八七（永延元）年に熊野に参詣している。宇多法皇は熊野の帰路に高野山にも詣でているが、その後は上皇を主体としての熊野参詣のみが盛んとなり、皇族が高野山に登るというのは白河法皇（六三ページ参照）まで約二〇〇年間にわたって途切れている。

しかし、一〇二三（治安三）年、第一二世座主の雅真《がしん》の弟子で東寺の長者であった仁海《にんがい》僧正（九五五～一〇四六）による「高野浄土」への招きにより、「この世をば　わが世とぞ思う　望月の欠けたることも　なしと思えば」という歌で有名な、位人臣《くらいじんしん》を極めた当時の日本最大の実力者、藤原道長（九六六～一〇二七）が高野山に登山するという驚くべき出来事があった。

道長は、一〇〇七（寛弘四）年、四三歳の壮年時に吉野の金峯山に詣でているが、このときはすでに五七歳になっていた。当時としては晩年であり、またこの時点で、三人の娘がすべて中宮（天皇の妻）となっていたことに加えて末女の嬉子が敦良親王に嫁いでいたため、敦良親王が天皇になれるよう、また嬉子の子として次期天皇が授かるように祈願するために登ったものと思われる。この祈願がゆえなのか、のちに敦良親王は後朱雀天皇（一〇〇九～一〇四五・第六九代）になり、嬉子の子は後冷泉天皇（一〇二五～一〇六八・第七〇代）となっている。

道長は、天台僧をともなって奥の院の弘法大師廟に参詣し、天台僧には法華八講を、高野山僧には理趣三昧《りしゅざんまい》法要を営ませ、自筆の金泥法華経と般若理趣経を廟前に埋納した。これは、はるか未来に降臨する弥勒菩薩のために奉納されたタイムカプセルであり、自らの浄土への往生を願うものであった。

また道長は、高野山に自らの荘園を寄進して、免税という特権が認められた「官省符荘《かんしょうふのしょう》」とした。これがきっかけとなり、その後、藤原摂関家をはじめとして皇室関係者の高野山参詣が盛んになり、その都度、堂塔や寺院の建立が発願されると同時に領地や荘園が寄進されていき、高野山は安定した経済基盤を得ることになって復興がますます進んだわけである。

道長の長男で、五〇年間にわたって関白を務めた藤原頼通（九九二～一〇七四）も一〇四八（永承三）年に高野山に参詣している。道長の場合は先に金峯山に詣でたが、頼通は高野山を優先したらしく、金峯山に詣でたのは翌年の一〇四九（永承四）年である。この時点での、頼通の大師信仰の浸透ぶりがうかがえる。

同年、高野山側は、各地に分散していた寺領をいったん返上したうえで、現在の橋本市や伊都郡を中心としたエリアを官省符荘として受領することに成功している。そして、支配体系を固めるとともに九度山《くどやま》に政所《まんどころ》を置いた。それが、三〇ページで紹介した慈尊院である。

そして、宇多法皇の登山以来、約二〇〇年ぶりに白河法皇が一〇八八（寛治二）年と一〇九一（寛治五）年に登ったほか、一一二七（大治二）年には鳥羽上皇と同道したことで高野山浄土説と空海の入定留身《にゅうじょうるしん》説は全国的に確立した。

ちなみに、二〇〇七（平成一九）年、中門再建のための発掘調査をしたところ、中門うしろのやや金堂寄りに白河法皇が歩いたとされる道が発見されて話題を呼んだ。道幅は約三・五メートルあり、両側にはそれぞれ一・二メートルほどもある川のような大きな側溝も認められた。その下部は汚泥となっており、道そのものは発掘時に掘るのが困難だったほど固く施工されており、九〇〇年

高野山・壇上伽藍・中門跡

平安後期の参道出現

幅3.5メートル、雨落溝も

高野町教委と元興寺文化財研究所（奈良市）は6日、高野町高野山の壇上伽藍・中門跡で平安後期の参道の遺構が出土した、と発表した。同時代の参道の遺構が見つかったのは高野山で初めてという。

参道は、地下1・2㍍にある11世紀後半の地層から出土し、幅3・5㍍で灰色の土で固められ、南北に延びていた。両側に幅1・2㍍、深さ40㌢の側溝があった。この参道のさらに4㌢下からは赤土の路面が見つかり、古い参道の上に整備したとみられる。

参道は、金堂、根本大塔、御影堂を配した壇上に続いており、町教委は「高野山への参拝が盛んな時代で、貴族らがこの道を通ったことでしょう」と話している。

文献によると、中門は弘法大師の弟子の実恵が、819年（弘仁10年）に壇上伽藍の金堂前に建立。1253年（建長5年）にすぐ南隣に移築され、火災と再建を繰り返したあと、1843年（天保14年）に焼失した。

今回の調査で、中門跡からは雨水が流れる「雨落溝」が出土。時代が新しくなるにつれて、この溝と礎石との距離が広がっており、再建の度に中門が大きくなったと推定できる。

11世紀後半の地層から見つかった参道の遺構（高野町高野山で）

あす現地説明会

金剛峯寺は、2015年の「高野山開創1200年」に合わせて中門を再建する予定で、06年から調査していた。8日午後1時から、現地説明会が開かれる。

読売新聞　2007年12月7日付

以上の時の流れを感じさせないものだった。白河法皇の御幸にあわせて整備したものらしく、汚泥からはそれまでの荒廃ぶりが、そして締め固められた道からは整備に関して潤沢な予算があったことがはっきりとうかがえる遺跡であった。なおこの道は、調査終了後に埋め戻されている。

浄土教の広がりと「聖《ひじり》」の定住化

一一世紀後半は、浄土教が全国的な広がりを見せたころでもあり、他所から有名な勧進僧がどんどん入山しはじめ、高野山内の聖集団の組織化が進んだ時期でもある。全国を遊行する聖の拠点としての別所（聖の住む所）が多く造られ、高野山内の（聖）寺院も増加の傾向をたどった。

これは、高野山に定住する聖の誕生を意味する。初期の定住聖でとくに有名なのが、小田原にあった興福寺山城の別所から入山した教懐《きょうかい》（一〇〇一～一〇九三）である。教懐は、南谷より少し東の、聖が多く集まっていた「東別所」と呼ばれたエリアに浄土院という寺院を建立した。そのため、当初はそのあたりを「浄土院谷」と呼んでいたが、教懐を慕って集まってきた聖たちは教懐の出身地にちなんで「小田原聖」と呼称したので、その谷もやがて「小田原谷」と呼ばれるようになった。そのエリアは現在ではさらに拡大しており、塗橋《ぬりばし》の横にある五町石から大円院前の十町石のあたりまで、千手院谷を挟む形で「西小田原」「東小田原」として金剛峯寺から東にある商店街の大部分を占めている。

教懐の勢力がいかに強く、人望が厚かったかが分かるだろう。実際、教懐は、白河法皇の御幸の際には聖ゆえ法会には招かれなかったが、小袖綿衣三〇領（三〇人分）を賜る聖人の一人に選出されているし、その後は山内《さんない》のほとんどの法会に出仕できるようになったという。本来なら半僧半俗として無視される存在だった聖だが、法皇が下賜《かし》の対象とする有力な僧がこの時点で少なくとも三〇人いたということは、この時期、聖全体の勢力そのものが巨大化していたことを示す事例となる。

ちなみに、藤原頼通が登ったころの高野山には寺院が一六堂宇点在するのみだったそうだが、それから一〇〇年後の一一四八（久安四）年には、学侶《がくりょ》三〇〇人のほか、行人《ぎょうにん》、聖を合わせて約二〇〇〇人が住むまでに復興していたという記録が残っている。

改革者——覚鑁《かくばん》

再び繁栄を取り戻した高野山だが、各派僧侶の腐敗も招くことになった。教学の研究よりも寄進の勧募のみに専念する者が増えて堕落したのである。そんななか、一種の宗教改革を行った僧がいた。のちに根来寺[7]の開祖となる興教大師、覚鑁（一〇九五〜一一四三）である。

一六歳で出家した覚鑁は二〇歳で高野山へ登り、三五歳で真言宗のすべての教学を納めたという、空海以来の秀才とたたえられた人物である。鳥羽法皇の信任が厚く、その庇護のもと、一一三二（長承元）年には伝法院（のちの興山寺。現・金剛峯寺西部分）を建立し、聖たちにも密教研究の場を開くとともに密厳院（苅萱堂の南に現存）という念仏堂も建てて聖集団との融和を図った。そして、長らく続いた東寺長者が金剛峯寺座主を兼任するという慣習を退け、自らが金剛峯寺の座主として就任した。

覚鑁の教義は真言密教を浄土教的に解釈したもので、高野山が大日如来の密厳浄土であることを世に知らしめるものでもあった。しかし、この性急ともいえる改革と、念仏を取り入れたことで、学侶や行人が一体（本山派）となって反発しはじめた。断続的に抗争が勃発し、一一三九（保延五）年に身の危険を感じた覚鑁は高野山を下りて根来寺を開き、やがて「新義真言宗」として発展していくことになる。この新義真言宗の流れを汲むのが、成田山新勝寺や川崎大師である。

この抗争のあとも、高野山には覚鑁の教義を信奉する伝法院派という派が根強く残り、のちに根来で「新義真言宗」が誕生したことにより、必然的に「古義真言宗」と呼ばれるようになる本山派との対立が続くことになる。

三〇年間にわたって止住《しじゅう》した西行

覚鑁が高野を去ったあと、『新古今和歌集』に九四首を数える漂白の歌人として有名な西行法師が高野山に約三〇年間にわたって止住していたことはあまり知られていない（一三一ページ参照）。ただし、西行は高野山にだけとどまっていたわけではなく、都はもとより吉野、熊野などの各地へも足しげく出掛けていたため、漂白の歌人という印象をもたれている。

もともと「北面の武士」(8)であった西行は、皇室にも、そのころの大勢力であった平氏にも通じていたため、立場は聖ながらも大口の勧進に成功しているし、金剛峯寺に対しての発言力も相当なものがあったとされている。

鳥羽法皇の皇女、五辻斎院頌子内親王《いつつじのさいいんしょうし・のぶこ》に伽藍の整備をすすめ、内親王が先に寄進していた蓮華乗院（現在の蓮花定院とは別）を伽藍の東側へ移築させたほか、本山派と伝法院派に徹底的に話し合わせるため、五〇日間にわたる「長日不断談議」を開催し、融和を図ったりもしている。

（7）住所：〒649－6202　和歌山県岩出市根来2286　TEL：0736－62－1144

（8）上皇を警護するための武士集団。一一世紀末に白河上皇が造った鳥羽殿内に創設したことにはじまるが、その呼び名は院御所の北面に詰め所があったことに由来する。

これが現在の「大会堂」（一三一ページ参照）の前身であり、今も法会の集会の場として使用されている。建物自体は、焼失後、一八四八（嘉永元）年に再建されたものである。

伽藍再建奉行を務めた平清盛

高野山にとって幸いだったのは、本山派と伝法院派による対立抗争が皮肉にも教学の再検討を促し、修行への専念をもたらす結果を生んだことである。またこの時期は、平安時代も末期を迎え、世情が混乱して武士が台頭しはじめたころで、武力闘争が日常茶飯だったために高野山の抗争も重大問題としては扱われず、信仰心が衰えなかったということもある。それを証明するように、一一四九（久安五）年にまたも大塔への落雷があって壇上伽藍が焼失したとき、即刻、朝廷から再建の院宣が下され、わずか七年ですべての堂塔が再建されたという。

このときの初代再建奉行が、頭角を現しはじめていた平氏の棟梁、平忠盛（一〇九五～一一五三）であった。しかし、再建途中で病没したため、二代目の再建奉行を務めたのが忠盛の長男、平清盛である。再建後、清盛が伽藍にて空海に出会ったという伝説の「対面桜」が残されていることは先に述べたとおりである（一二四ページ参照）。

なお『平家物語』によると、清盛は大塔再建を祈念して両界曼荼羅を寄進したのだが、その際、自らの頭の血を絵の具に混ぜて胎蔵界曼荼羅の中尊（中心）を描かせたとある。この両界曼荼羅は、現在、高野山霊宝館に収蔵されており、通称「血曼荼羅」と呼ばれ、現存する最大最古の彩色曼荼羅として重要文化財に指定されている。

重源の湯施行

聖《ひじり》のなかでも、源平の争いの巻き添えで焼失した東大寺大仏殿の再建大勧進職を務めたことで有名な俊乗坊重源《しゅんじょうぼうちょうげん》（一一二一～一二〇六）が活躍したのもこの時期である。重源による勧進は一種の請負業でもあったようで、自らの財産を処分し、最後には過労死したという記録さえ残っている。

重源は、高野山では「湯施行」という一般民衆向けの勧進を行った。精進潔斎のための湯屋だが、その経営のためではなく、あくまで湯を沸かす柴代（薪）のための寄進こそ功徳《くどく》があるとすすめ、各地に湯釜や蒸し風呂をつくった。高野山内に残る「湯屋谷」という地名や「湯屋谷弁天」の名も、もともと湯屋を経営する聖僧が多かったことと、重源による宗教的な意義の付加によって重んじられることになったからであろう。

融通念仏宗の徒であった重源《ちょうげん》は、鉦鼓（青銅製の鐘）を叩き鳴らすのが常であったため、学侶《がくりょ》や行人《ぎょうにん》から騒音をとがめられ、別所を高野山の南西のはずれに移している。(9)これが、現在の真別処（新しい別所）である。現在、真別処は「円通寺」と呼ばれ、事相講伝所(10)として高野山でももっとも厳しい修行の地の一つとなっている。

鎌倉初期の傑僧――行勝上人《ぎょうしょうしょうにん》と明遍僧都《みょうへんそうづ》

一一九二（建久三）年、栄華を誇った平氏も平安時代の貴族社会の終焉とともに滅亡し、源氏による武士政権がはじまった。鎌倉幕府の誕生である。

貴族と平氏によって庇護されてきた高野山も窮地に陥るかと思われたが、世の戦乱と対極にある高野密厳浄土として没落した平氏や貴族が高野山に逃れてきたり、源氏側からは平氏の怨霊を鎮めるための追善を依頼されるなど、以前にも増して信仰を集めることとなった。これは、学侶《がくりょ》と行人《ぎょうにん》という二派が、時には対立しつつも、下界で対立する勢力に対してはどちらかが外交することで宗教的な中立を守っていたからであり、評価されるべきことかもしれない。

実際、高野山最古の墓とされているのは、墓石の記録上において「長徳三年」（九九七年）と刻まれている源氏の始祖である多田満仲（源満仲・九一二〜九九七）のものであり、平氏だけと交流していたわけではないことがここからもうかがえる。

一方、高野聖たちは全国的な勧進を変わらず続けていた。とくに、一般民衆に納骨や納髪、納歯をすすめたことによって、のちに奥の院の大墓石群を形成していくわけだが、この時点では、学侶や行人は納骨勧進は聖の専業として無視していたようである。

また、武士に政権を奪われて貴族は没落したが、皇族の寄進が途切れることはなかった。その受け皿になったのが、鎌倉幕府成立の少し前、一一八四（元暦元）年に大峯山から入山した修験者であり法華信者でもあった行勝上人（四七ページ参照）であり、民衆の受け皿となったのが明遍僧都（一一四二〜一二二四）であった。

（9）浄土教の宗派の一つで、大阪市平野区に総本山大念仏寺がある。平安末期、天台宗の僧侶である聖応大師良忍が京都・大原来迎院で修行中、阿弥陀如来から速疾往生の偈文を授かり開宗した。大念仏宗ともいう。

（10）「事相」とは、真言密教を実践する方法、すなわち修法の作法（灌頂・護摩・観法・印契・真言などの行法）のことである。これに対して、真言密教の理論は「教相」といわれ、事相と教相はよく車の両輪にたとえられる。円通寺の場所は、奥の院一の橋手前の蓮花谷の南六〇〇メートルの山中。現在も女人禁制で、特別に用事のある人以外は立ち入り禁止となっている。

行勝上人は鳥羽法皇の皇女八條女院暲子《はちじょうにょいんしょうし・あきこ》の寄進を受け、明寂上人《みょうじゃく》（生没不詳）によって建立された一心院と、前記した（一五一ページ）八宗兼学《はっしゅうけんがく》で重視された妙法蓮華経にちなんで「妙智坊」「法智坊」「蓮智坊」「華智坊」「経智坊」と名付けられた五つの坊（子院）を相伝した。坊は「室《むろ》」とも呼ばれ、これが今に残る一心院谷や五之室谷のはじまりである（一四六ページ参照）。なお、坊には「宿泊所」という意味もあるので、このころから参詣の人々を泊める宿としての宿坊機能が発達していったことが分かる。ちなみに、一心院はその後「五坊寂静院」と改称され、日蓮が遊学したことでも知られている。

一心院の本堂には、現存する不動明王座像（重文）と運慶・快慶作による八大童子像（国宝）が安置されていたが、現在は霊宝館に収蔵されている。

この一心院の本堂が、現在、壇上伽藍の東にある「不動堂」である。ただし、内部に不動堂ならつきものの護摩を焚いた跡がなく、八大童子像などをすべて並べるには手狭であるし、「来迎壁」と呼ばれる壁が設えられていることから、一心院にあったもう一つの堂、阿弥陀堂ではなかったかとも想像される。

行勝上人は仏教にも神道にも精通した人物で、天野の検校としても活躍した。現在では、丹生《にう》都比売神社《つひめじんじゃ》において神として若宮に祀られている。一方、明遍僧都は、大学者であった少納言藤原通憲入道信西（一一〇六?～一一五九）の子で、一八歳のときに平治の乱で父が斬首され、東

column

弘法井戸

昔、たいそう偉いお坊さんがこの地にお越しになった折、錫杖《しゃくじょう》で突いた所から不思議と清水が滾々《こんこん》と湧き溢れた。……弘法井戸の伝説は、大抵このような話で始終する。

全国に弘法井戸、またはそれに類似する温泉や湧き水は数千を超えるという。そのどれもが、旅の高僧が集落に辿り着き、水で困っている村人や老人のために、あるいはその村や家にお世話になったお礼として湧水を与えたというものである。その旅の高僧が誰であろうと、村の民は「あれはお大師さまに違いない」と語り合い、噂が噂を呼んで今日まで伝えられている。

これほど民話や伝説として語り継がれている背景には、全国各地をめぐった高野聖の存在が大きかったと思われる。何故なら、数多くある弘法井戸は、空海の足跡が残る場所や時代とはずれがあり、すべての井戸を空海が掘り当てたとするには無理があるからだ。

おそらく、高野山真言宗の布教のため、全国各地に散らばった高野聖をはじめとする遊行僧が大師信仰とあわせて井戸を掘り当てたり、既存の井戸を「大師の井戸」として宣伝して村人への布教を広めていったものと想像される。

空海は、自身が生まれた讃岐国（香川県）にある満濃池の改修工事を全うしている。時の天皇の勅命を受け、困難とされた工事をたったの三か月で仕上げてしまうほどの凄腕であった。優れた治水・土木技術と深い知識のもち主であることを裏付けている。

空海の卓越した治水の技術と知識が、高野聖たちすべてに受け継がれていたかどうかは不明だが、数多の弘法井戸の存在は、弘法大師の並外れた才徳を物語るものと言える。（八幡能之）

大寺で出家したのち、五〇歳を過ぎてから高野山に入山している。往生院谷に蓮華三昧院を興したことから、教懐《きょうかい》のエリアである小田原谷から西を今でも「蓮華谷」と呼んでいる。一〇町石から一五町石あたりである。また、明遍僧都の墓がある集落は今でも「明遍通り」と呼ばれている。

明遍僧都は法然門下で専修念仏に帰依しており、平安末期から鎌倉期にかけて、より勧進に主体を置いた融通念仏を行った。それは「南無阿弥陀仏」に抑揚高低の調子をつけて繰り返し詠唱するというもので、大勢で合唱することによって功徳《くどく》はさらに上がり、また名帳に名と念仏を記入するとさらに功徳は倍増すると教えて、盛んに大衆にアピールして寄進を募ったのである。『高野聖』(角川書店、一九六五年)の著者として知られる民俗学者の五来重(一九〇八〜一九九三)は、同書にて、明遍僧都を高野聖の中興の祖と高く評価している。

高野山内には禅寺もある

行勝上人を慕って京都の仁和寺から入山し、一心院を継いだのが貞暁《じょうぎょう》上人(一一八六〜一二三一)である。源頼朝の庶子として誕生した貞暁上人は、北条政子の勘気に触れぬよう、早くに出家をした。のちに天野で北条政子(一一五七〜一二二五)と対面し、還俗して将軍職を狙う気持ちはないかと尋ねられたとき、即座に自らの左目をえぐり取って還俗する意志のないことを示したため、政子の信頼を得て天野や高野への寄進を獲得するに至ったとされる。

この結果、夫である源頼朝（一一四七〜一一九九）の菩提のために、一二一一（建暦元）年に禅定院が建立されている。落慶の導師を臨済宗の栄西禅師（一一四一〜一二一五）が務めたことからも分かるように、高野山内に禅寺が誕生したことになる。

この禅定院だが、三代将軍の実朝（一一九二〜一二一九）が暗殺されたのちに源家の菩提寺ではなくなり、その代わりに一二二三（貞応二）年に「金剛三昧院」が建立されている。そのときに創建された多宝塔と経蔵は現存しており、それぞれ国宝と重要文化財に指定されている。

この金剛三昧院の初代住職は、栄西禅師の弟子で、北条政子の剃髪の際に戒師《かいし》[11]を務めた退耕行有《たいこうぎょうゆ》（一一六三〜一二

（11）出家を望む者などに戒を授ける法師、または授戒に携わる三師七証の僧のこと。

雪化粧の金剛三昧院

四一）である。それ以降、一二代にわたって幕府直轄の禅宗寺院として運営されることになるのだが、これには、すでに復興を終えて一大宗教勢力となった高野山を監視する役割もあった。いかにも戦慣《いくさ》れした武家政権らしい措置であったといえる。

法燈《ほっとう》国師と萱堂《かやどう》

この禅定院で真言念仏を行っていた退耕行有の弟子である心地覚心《しんちかくしん》（一二〇七～一二九八）は、宋への留学を経たあと禅と念仏を唱える念仏聖になり、新たな聖集団をつくっている。これが「萱堂聖」のはじまりである。

心地覚心は、望まれて紀伊の由良に移って興国寺[12]を開基している。のちに、亀山上皇（一二四九～一三〇五・第九〇代）から「法燈禅師」、後醍醐天皇（一二八八～一三三九・第九六代）からは「法燈円明国師」と諡されたので、「由良の法燈国師覚心」と呼ばれている。

この心地覚心、宋の径山寺《きんざんじ》の味噌づくりの製法を伝えた人としても知られている。それが、和歌山県の特産品ともなっている「金山寺味噌」であり、のちにその製造過程から初めての醤油が生まれたといわれている。また、尺八を愛好し、興国寺内でも奨励したことから普化宗（虚無僧）

の祖としても知られている。

高野山との関係を述べよう。弟子に自分の分身として同じ「覚心」の僧名を与え、高野山に登らせて同じように鉦鼓《しょうこ》念仏を唱えさせたところ学侶《がくりょ》や行人《ぎょうにん》方の反発にあい、鉦鼓を投げ捨てられたのだが、その鉦鼓が飛び戻って、叩きもせぬのに鳴り続けたところから「飛鉦《とびがね》伝説」[13]が生まれている。前掲した五来重の『高野聖』によると「踊念仏固く止むべき事　萱堂の外」とある。つまり、萱堂内では黙認されるに至り、この萱堂の上人はその後も代々「覚心」を名乗ることになった。この萱堂こそが、現在も蓮華谷に残る「苅萱堂」である。

苅萱堂には、哀切あふれる「石童丸」の説話が残されている。堂内の壁面には、説話にちなんだ絵画が掛けられている。また、話の詳しい内容は霊宝館のホームページ上でいる。

(12) 住所：〒649−1103　和歌山県日高郡由良町門前８０１　TEL：0738−65−0154

(13) 高野明神と弘法大師が、法燈国師覚心には鉦を叩くことを許すという契約が高野山座主に夢告された、とされている。

飛鉦伝説が残る苅萱堂

「高野山よもやま記」の一つとして「石童丸物語」が紹介されているのでそちらを参照していただきたい。ここでは、話のストーリーを簡単に述べておくことにする。

出家した父（苅萱道心）を追って母とともに高野山に向かった石童丸であるが、女人禁制ゆえ母は入山できず、父は出家ゆえ名乗れず、その後一生、師匠と弟子として過ごしたという物語である。世の無常と高野山の修行の厳しさを伝えるものとして高野聖（萱堂聖）の説経節で全国的に広まり、世間に高野山への信仰をさらに広げるきっかけとなった。

なお、萱堂聖たちだが、鉦鼓念仏に加えて高声《こうしょう》念仏や踊り念仏なども行っていた。そのためだろうか、苅萱堂には戯場《ぎじょう》（劇場）まで設置されていたという。

空海入定後、高野山は一時的に荒廃したものの、平安末期から果てしなく続くと思われた戦乱の世で、厭世観から盛んになった浄土への憧れを聖たちの勧進をきっかけとして大師信仰という形で巧みに取り入れてきた。そして、皇室から貴族、武士と変遷していった支配者階級のいずれの信仰も獲得するとともに、浄土教が流布するという影響を受けながら、一般民衆に対しても学侶、行人、聖の三派がそれぞれの受け皿となることで復興を果たしたうえに荘園などの領地を増やしていった。しかし、その代償として、真言密教の修行道場であったところに浄土教、法華教、禅宗、専修念仏、融通念仏などのありとあらゆる宗教が流れ込んでくることにもなった。

前述したように（一四二ページ）、「遊行上人《ゆぎょうしょうにん》」「捨て聖《すてひじり》」と尊称された時宗の開祖一遍（一二四ページ参照）が活躍したのもこのころである。高野山の聖たちもおしなべて時宗化していき、彼らが集団で住んだ別所に建てられた千手院にちなんで命名されたのが現在の千手院谷である。

さまざまな宗教が流れ込んだ高野山であるが、その根本には常に弘法大師信仰があったため、浄土教の敷衍とともに盛んになった「南無阿弥陀仏」に対する「南無大師遍照金剛」という宝号も自然発生的に生まれたものと思われる。

ただ、同時期にはトラブルも起こっている。一二一九（承久元）年、高野山と吉野金峯山で境界争いがあった。高野山側の「僧兵」が十津川の住人に対して刃傷に及んだ事件の仲裁を、前出の明遍僧都《みょうへんそうづ》（一六五ページ参照）が行ったという記録があるので、鎌倉時代初期には戦乱の時代を反映するかのように高野山僧の一部武装化もあったようである。

室町期の僧による武装化

鎌倉時代末期、朝廷は南北両朝に分裂し、政治的にも社会的にも争乱の時代となり、一三三六年、室町幕府の成立を迎える。そして、一三九二（明徳三）年に南北朝合一を果たし、室町時代の最盛期を築いた三代将軍足利義満（一三五八～一四〇八）が同年に高野山へ二度参詣している。天下人となったら高野山へ詣でるという行事がほぼ常識化され、世情が安定したかのようにも思えるが、義満の死後幕府は弱体化し、再び世情は不安定な様相を示しだした。現世への絶望感がますます浄土への憧れをかきたてていくなか、各宗派は武装化（僧兵宗団）をして勢力を拡大していくことになった。

　時代は少し前後するが、南北朝時代には「南都北嶺」と呼ばれた奈良の興福寺や比叡山延暦寺と同じく「南山」と呼ばれた高野山も、領地的にも武力（僧兵）的にも一大勢力に成長していた。それゆえ、南北両朝ともその勢力を取り込もうとさまざまな勧募が行われた。

　しかし、高野山の僧兵は専守防衛の手段であり、古来から他所の争いには関与しない鎮護国家を祈る道場であるとして中立策をとった。ただし、一三三三（元弘三）年には、後醍醐天皇の第三王子である護良《もりよし》親王（一三〇八～一三三五）を伽藍大塔の屋根裏にかくまっている。これは、南朝方へ肩入れしたわけではなく、宗教的な救済という意味合いが強かったとされている。

　この中立策の成功で高野山は一時の安泰期を迎え、教義的にも、宝性院有快《ほうしょういんゆうかい》（一三四五～一四一六）と無量寿院長覚《むりょうじゅいんちょうがく》（一三四〇～一四一六）の二大密教学匠が、それぞれ「而二門《ににもん》」と「不二《ふに》門《もん》」という学派を確立した。

　二人とも学侶派であるが、宝性院、無量寿院とも別格扱いの門主寺《もんしゅでら》となり、学派は二つに分かれたまま「宝門」「寿門」として続き、大正時代になって、大師教会を設立するために建設予定地にあった宝性院が無量寿院に合併統一され、その後「宝寿院」と称されるようになった。このとき、僧侶のための学校も併設されたのだが、それが現在の高野山専修学院（次ページコラム参照）である。

この「応永（一三九四〜一四二七）の大成」と呼ばれる学侶派による密教教義の発展と行人たちの中立武装化により、高野山への参詣者は「客引き禁止」の制札が出されるほど増加したようである。折しも、一五二一（大永元）年に西院谷から出火した火がほぼ全山を焼き尽くす大火となり、大勧進事業が行われたのだが、その翌年には伽藍や御社《みやしろ》が再建されていることから、かなりの資金が保持されていたと思われる。

このような経済的な発展は、当然のごとく聖たちの堕落を招くことにもなった。

夜道怪《やどうかい》と呼ばれた高野聖

この時期に大量増員された資質に欠ける聖たちは、もはや「高野聖」と呼べるようなものではなく、むしろ商売人として全国に拡散していくことになった。このような聖たちは、高野山の仏

column

高野山専修学院

院生は高野山真言宗の僧侶となるべく、定められた規則と時間のもとで４月上旬から１年間（実際には約280日間）、男性のみの全寮制で修行生活を送ることになる（女性の場合は、別の場所にある尼僧部で加行のみを行う）。年２回（７月下旬から９月上旬と、12月下旬から１月中旬）の休暇を除いて下山することはできない。

１学期は声明や諸経、歴史などの講義（教学）で占められ、３学期は京都各派の本山参拝や四国巡拝、各種作法の伝授などが中心となっている。両学期とも、水曜日に１時間、日曜日に２時間の外出時間が設けられている。一方、２学期は真言宗僧侶になるために必須となる四度加行を行うことになっている。加行中は、壇上参拝を除いて外出は認めらず、院外との連絡も一切できない。

四度加行とは、真言密教における初歩的階梯の四種の修行のこと。密教で師匠の位を得ようとする者に対して、大日如来の秘法を特定の作法によって授ける儀式を伝法灌頂《でんぽうかんじょう》と言うが、その準備的な修行であって、十八道、金剛界、胎蔵界、護摩の四法が伝授される。

生徒達の暮らしは山全体が見守っており、休日に不精進などを買わないよう、各商店には触書も配布されている。

住所：〒648-0200　和歌山県伊都郡高野町高野山223

像や表具の飾りに使われた布類の切れ端を守り袋にして勧進の代償としたことから、「呉服聖」とか「衣聖《きぬひじり》」などと呼ばれた。のちには、高野山に登ったこともない輩《やから》が「高野聖」の名前を騙ることも増えるなど悪質化し、「夜道怪」とさえ呼ばれるまでになった。

この呼称は、まじめな聖たちが行っていた「宿借《やど(う)かり》」をもじったものである。高野聖が行き着いた村落などで「宿借ろう、宿借ろう」と叫ぶと、宿泊を提供するのも空海への寄進になるという信仰から競うように宿の提供があったわけだが、のちには「高野聖に宿貸すな、娘取られて恥かくな」というはやり歌が生まれるほど忌み嫌われる存在となってしまった。

とはいえ、時は戦国時代であり、各国を遊行する高野聖を間者（スパイ）として警戒する戦国大名も多かった。事実、織田信長（一五三四～一五八二）は一八〇〇人以上の高野聖を虐殺している。言ってみれば、彼らは自活のために商売に頼らざるを得なかったわけである。

江戸時代になると、長崎の出島のオランダ屋敷に「高野聖の他、出家山伏入るべからず」という制札が出されるまでになった。禁止されるということは、勢いが衰えたとはいえ高野聖たちの出入りがあったということであり、オランダ人から羅紗などを仕入れて商売をしていたようだ。このころになると、馬に乗って商品を全国に運ぶ「商聖《あきないひじり》」という本末転倒な言葉さえ定着している。

外国人宣教師が見た高野山

少し時間を進めすぎた。室町時代から戦国時代にかけての高野山に戻ろう。ここでは、第2章（五二ページ）でも参照させていただいた「高野山学」の講義資料をもとにして記述していきたい。講師を務められたのは、現在高野山大学の名誉教授である山陰加春夫《やまかげかずお》氏(14)である。ちなみに「高野山学」とは、高野山の魅力を体系的に学び、再発見することを目的として、高野町・高野町教育委員会・高野山大学の連携・協力によって開講されている生涯学習講座のことである。

この時期、高野山は僧侶の養成機関、つまり学問の最高学府として非常に発達したようである。フランシスコ・ザビエル（一五〇六〜一五五三）とルイス・フロイス（一五三二〜一五九七）が、それぞれ本国に宛てた手

多くの聴講者に語る山陰氏

紙のなかで高野山のことを書いている。

ザビエルが一五四九（天文一八）年に書いた手紙によると、高野（古義真言宗）、根来（新義真言宗）が日本の五つの主要大学（京都《ミヤコ》の大学、高野、根来、比叡山、近江）の内の二つと紹介されており、それぞれの大学には三五〇〇人以上の学生がいる、とも記されている。

それから少し時代が下った一五八五（天正一三）年になると、フロイスがもっとシビアな手紙を耶蘇会総長に送っている。

「Quino cuni（紀の国）という、ことごとく悪魔に対する崇拝と信心を捧げる国があり、そこには一種の宗教が四つか五つあり、それぞれが大いなる共和国的存在であり、いかなる戦争によってもこの信仰を滅ぼすことができないばかりか、ますます大勢の巡礼が絶えずその地に参詣していた」（高野山学の講義資料より）

ここに書かれている「四つか五つの共和国」について山陰氏は、高野、根来、粉河、雑賀、そして熊野ではないかと類推している。原理的に、殺人よりも異教徒のほうが罪は重いとするキリスト教の宣教師であるから無理もない表現なのだが、フロイスが高野山を説明すると以下のよう

（14）一九五一年、和歌山県生まれ。大阪市立大学文学部史学地理学科史学専攻卒業。大阪市立大学大学院、高野山大学大学院を経て、高野山大学文学部名誉教授。大阪市立大学博士（文学）。

になる。
「高野山には女子も家畜も一切入れず、諸宗派中もっとも嫌悪すべきものである。約七〇〇年前、悪魔の憎むべき子にして、シナより初めてこの醜悪なる教えを招来せし人を、生きながら同所に埋葬した。生きながら埋めたとき、彼は眠りに就き、その後、数千年を経て、弥勒菩薩と称する他の仏とともに来たって、世界を再建するであろうと言った。この人は弘法大師と称す」（訳・村上直次郎）

これではまるでゾンビ扱いだが、伝承的にはほぼ正確につかんでいるところを見ると、この当時において大師信仰が完全に定着していたことが分かる。また、フロイスは次のようにも記している。

「信長はこれらを攻撃しようとしたが、死んだために実行できなかった。高野山は秀吉に対しては生命と富貴を失いたくないために服従した」（前掲資料より）

この記述は、織田信長によって比叡山が焼き討ちされたのち、本能寺の変（一五八二年）を経て高野山が豊臣秀吉と和睦したことを示すものである。当初、秀吉は信長の遺志を継ぎ、根来寺を焼き討ちにしたあとに高野山も攻め滅ぼそうとしていた。それを和睦し、逆に高野山への寄進を引き出したのが木食応其《もくじきおうご》上人（一一五ページも参照）である。

木食とは、火食・肉食はもちろん、米、麦、粟、稗、豆などの五穀・十穀を絶ち、木の実や草だけを食べるという木食戒を行う修行のことで、一刀彫りの仏像で名高い円空（一六三二?～一六九五）もこれを行っている。

高野の応其《おうご》と思うな、応其の高野と思え

応其上人は当代きっての知識人であり、連歌の名手としても知られていた。秀吉との面談で大きな信頼を得、秀吉をして「これからは高野の応其と思うな、応其の高野と思え」と言わしめた人物であり、その後は一種の政策ブレーンとしても活躍している。事実、秀吉の方広寺建立の際にも助言を行ったほか、一五八七（天正一五）年には島津氏との和睦に尽力しているし、秀吉死後の関ヶ原の戦い（一六〇〇年）のときも各地で開城交渉にあたっている。

秀吉の援助も破格なものであった。焼失したままだった大塔や金堂を再建したばかりか、一五九〇（天正一八）年には応其上人のために興山寺という寺院を建立している。その寺が後陽成天皇（一五七一～一六一七・第一〇七代）によって勅願寺(15)にされたこともあり、二万一〇〇〇石の

(15) 天皇、上皇の発願によって建立、または指定された寺のこと。

寺領が安堵されている。

その三年後となる一五九三（文禄二）年、秀吉は興山寺の東隣に母である大政所の追善菩提のために剃髪寺も建立している。剃髪寺はその後「青厳寺」と名称が改められ、明治時代になって興山寺と青厳寺が合体し、現在の金剛峯寺となったわけである。このような破格の寄進を受けた応其上人は、秀吉の命により関白秀次を高野山で預かったのち、切腹させるという苦渋の政治的判断も受け入れざるを得なかった。

秀吉没後も豊臣方からの寄進は続き、石田三成（一五六〇～一六〇〇）が奥の院御廟前に経蔵と高麗版一切経（ともに重要文化財指定）を寄進するなどしている。そして関ヶ原の戦い、大坂冬の陣、夏の陣を経て徳川幕府が開かれたあとも、高野山は徳川家によって優遇されている。

これは、かつて平氏に代わって源氏が政権を取ったときにも見られた現象であるが、豊臣方の怨霊を鎮めるための装置として高野山を使ったのであろう。また、徳川家が松平姓であったころから続いていた聖方の蓮花院[16]との壇縁が有効に働いた結果であるとも思われる（次節参照）。

一六〇三（慶長八）年の江戸幕府成立後、二万一〇〇〇石の寺領は安堵され、さらに徳川三代将軍家光の治世では三〇〇石の加増も得ている。ちなみに、加増を得たあとの内訳は、奥の院領として五〇〇〇石、学侶方に九五〇〇石、行人方に六六〇〇石、聖方に二〇〇石である。ただし、江戸幕府による高野山への監視の目は厳しく、僧兵の養成を阻止するために武芸や射弓は厳禁とされたほか、通常は一〇万石以上の大名に課された参勤交代を、先に述べた「宝門」と「寿門」の門主に命じている。

また、一六〇六（慶長一一）年と一六一五（元和元）年には、各地で時宗化して完全に真言宗から離れて名前だけとなっていた高野聖たちに対して「高野山への帰入」という幕命も出している。そして、四度加行《しどけぎょう》（一七六ページのコラム参照）と灌頂《かんじょう》(17)を受けることを義務づけたので、高野山へ帰入する者がいた一方で、各地に定着して高野十穀聖(18)として寺を開く者や、時宗そのものへ転派する者も現れるようになった。

短期間に二度も帰入令が出されているということは、それだけ悪質な高野聖が横行していたという証拠でもある。元和元年といえば「武家諸法度」が定められた年であり、徳川幕府が本格的に全国支配をするための布石の一つでもあったといえる。

---

(16)　当時、徳川家との縁から光徳院と改称していたところへ徳川家康が登山し、大徳院の院号を下賜されたのち、明治時代に蓮花院に再び改称されている。
(17)　密教で、香水《こうずい》を頭に注ぐ儀式のこと。灑水杖《しゃすいじょう》という棒の先に水をつけて頭に軽くあてる。受戒するときや修行者が一定の地位に上るときに行っている。
(18)　十穀断ちの修行をする聖のこと。

徳川幕府がつくった檀家制度

江戸時代の初期には、高野山内の聖方にも変遷が見られるようになった。前述したように、秀吉の寵愛を受けた応其《おうご》上人は客僧であったため行人《ぎょうにん》方に組み入れられたが、一時は学侶と聖を圧倒していた。それが徳川の世になり、今度は菩提寺である聖方の蓮花院（当時は大徳院）が権勢を振るうこととなったが、大徳院の聖方に対抗する蓮華谷（一四六ページ参照）の聖たちもおり、彼らは学侶や行人に転派していくことになった。

こんななか、徳川幕府は幕藩体制を確立するために一六六四（寛文四）年にキリスト教を禁教とし、幕府が許可した宗教だけに改宗させる制度をつくった。これが今も残る檀家制度《だんかせいど》である。一般民衆は、幕府の許可したいずれかの寺院を菩提寺として檀家になることが義務づけられ、その証明（寺請証文）を寺院から請けるという制度のため「寺請制度《てらうけせいど》」とも呼ばれている。

一方、寺院では、戸籍のはじまりとされる「宗門人別帳」が作成され、転居や旅行の際には寺請証文が必要とされるようになった。この制度の導入後、先祖供養や葬儀は僧侶の仕事という概念が定着したわけである。

この制度によって寺院側には確実な収入がもたらされたわけであるが、運営が安定するという反面、信者が各宗派に固定されてしまったために布教活動には大きな障害となり、やがて「葬式仏教」と揶揄される原因ともなった。しかし、高野山においては、各大名との壇縁関係までは否定されなかったので、参詣人は奥の院の弘法大師廟に参り、住まいする藩の菩提寺に宿泊するという慣習が定着することになった。

この慣習は明治の廃仏毀釈を経ても変わらず、昭和になっても、女人堂において入山管理人に出身地を申告し、ゆかりの藩（県）の宿坊に泊まるということがごく普通に行われていた。現在では、旅行会社のツアーや個人予約など自由に宿泊できるようになった高野山だが、昔ながらの檀縁を大事にし、先祖供養の位牌や過去帳を祠堂《しどう》(19)した寺院に宿泊する人も結構多い。

前掲した（一三七ページ）古地図のほかにも、一六四六（正保三）年に描かれた寺名中心のいわば住宅（寺院名）地図が残されている。先に紹介した山陰氏の研究によると、その当時で、子院が一八六五あるうち学侶の寺院が二一〇、行人の寺院が一四四〇、そして聖の寺院が一二〇数えられるとしている。また、三派が共用していた客坊も一〇〇宇以上特定できるという。

---

(19)　一般には、祖先の霊を祀ったり、位牌を収めておく場所のこと。高野山においては、寺院の本堂内に家庭の仏壇用とは別に永代供養料を納めて新たな位牌を安置し、年忌などで来山した場合に供養することが多い。寺院との檀縁を結ぶ契約でもあり、この場合「祠堂する」と動詞形で呼ばれる。

おもしろいのは、五之室谷が聖方寺院で占められているのは当然として、千手院から東方面は学侶と行人寺院が二分しており、聖が転派したとうかがえることである。また、行人方が管理していた伽藍周辺は学侶寺院が取り囲むように配置されており、学侶が主だった青巌寺（現・金剛峯寺）の周りは行人寺院が多く見受けられる。もしかしたら、監視しあっていたのかもしれない。また、共用の客坊も多く点在しており、三派が時にはいがみあいつつも共同で宿泊客に対応していた様子もうかがえる。

その一方で抗争も激化している。大徳寺系の聖方以外がなし崩しになっていくなか、学侶方と行人方の抗争が頻発したため一六九二（元禄四）年に裁定が行われ、不服従だった行人六二七名を流刑にし、一一八二あった行人方の僧院のうち九〇〇余が打ち壊しとなっている。この結果、一八六〇余あった高野山の僧院は半減し、江戸末期には七七四坊となった。

このころ、紀ノ川筋の水利権の裁定は高野山の僧侶が裁くことになっていた。そのため、豪族たちは次男、三男を高野山の僧侶にするということが普通であった。その代わり、高野山が攻められるようなことがあれば、紀ノ川筋の豪族たちが加勢をするという運びである。現代から見れば江戸時代は天下太平のように思われるが、当時の人々にとっては、いつ戦《いくさ》がはじまっても対応できるだけの措置をとっていたということである。そのため、禁じられていたはずの武芸の鍛錬しかしないという僧侶も大勢見られ、元禄時代（一六八八～一七〇三）には、「一〇年間寺から出ずに密教学だけに励むべし」などの裁定も行われている。

厳しい戒め「山規」

三派（学侶・行人・聖）共通の「山規」、つまり高野山内での規則が定着したのも江戸時代である。『紀伊国名所図絵』によると、主なものは次のとおりとなっている（カッコ内は筆者）。

○女人禁制（これは開創当時からのもの）
○禁管弦・鉦鼓（管弦は娯楽につながるので禁止。鉦鼓は時宗聖を復活させないための措置であろう）
○禁植有利竹木（竹、梨、柿、李、桃など、実の成る木と竹は容易に換金できるので禁止。花が咲く植物は修行の妨げになるので禁止。なお、空海が推奨したとされるのが「槙花」である。実際の花ではなく、高野槙の枝を花として供える）
○禁射弓蹴鞠（武芸および武士の娯楽の禁止）
○禁博打、囲碁、双六など（これも娯楽禁止の一環）

○禁禽獣を養うこと（精進潔斎のため）
○禁入牛。馬は可（荷駄を運ぶための牛も禁止。馬は大名たちの参詣のために特別に許可）
○禁竹箒の使用（空海が毒蛇に象徴される悪鬼を竹で追い払った伝説から、竹箒で掃く音が蛇の這う音に似ているため悪鬼を寄せるとされた。それゆえ、高野山では長年「コウヤボウキ」の枝を束ねて箒としていた）

なお、この山規は一八七二（明治五）年の太政官布告により、女人禁制をはじめとしてほぼ解除されたが、現在でもみだりに鳥獣の肉類の販売をしないようにする慣例は残っている。また、お坊さんの専門学校である高野山専修学院（一七六ページのコラム参照）の院生に対しては、「不精進物販売禁止の御依頼」という文章が各店舗に配布されている。「不精進物」の例としては、雑誌・週刊誌・小説・マンガ・肉類・魚介類・酒類などが含まれ、それらが含まれている加工品も対象となっている。

ちなみに、卵を含む加工品も禁じられているが、パン、カロリーメイト、アイスクリーム、プリン、シュークリームは「可」となっている。これはおそらく無精卵を加工しているとの解釈であろう。

column

高野山にスキー場？

禁欲修行の地として知られる高野山に、冬の娯楽の代表となる「スキー場」があると聞けば意外に思われるだろうか。実は、和歌山県唯一、本州最南端とも言ってよいスキー場が、奥の院の参道途中から数分ほど歩いた所にある。鶯谷地区を通れば車で行くことも可能だが、リフトなどの設備があるわけではない。約400m四方の丘陵地帯が「高野山スキー場」と通称されている。

比較的緩やかな斜面のゲレンデは子どもたちのソリ遊びには打ってつけで、ナビにも名称が記載されるようになった昨今では、ここだけを目的地として冬に来山する家族連れも多い。時には、ナビを盲信しすぎたボーダーたちが、本格的なウエアに身を包んだまま、低い丘を前に呆然と立ちすくむといった光景も見られる。

元々は、満州から引き揚げてきた人々に提供された開拓エリアであり、昭和の終わり頃までは畑として利用されていた。明治初期、女人禁制が解かれてから次第に在家の定住者が増えはじめ、それとともに、禁欲第一で「作物の栽培」や「娯楽」を厳しく制限していた「山規」も変化を遂げていった。スキー場となったのも、そうした変化の結果である。

さて、世界遺産登録以来、参詣者より観光客のほうが増えつつある現在、リフトなどが整備される可能性もないとは言えない。ひょっとしたら、今後予想される食料事情の悪化により、再び畑として開墾されるかもしれない。いずれにしても、一山越えた奥の院の御廟で永遠の禅定を続けている空海は、時の流れを超越し、その変化を静かに見守り続けることだろう。（尾上恵治）

明治以降の激変――女人禁制の解除へ

明治維新によって起こった廃仏毀釈の影響で、一八六九（明治二）年には学侶、行人、聖が瓦解し、青巌寺と興山寺が合併して金剛峯寺となったわけだが、前記した一八七二（明治五）年の太政官布告による女人禁制の解除で、高野山の屋台骨はさらにぐらつくことになった。つまり、女人禁制が解除されたおかげで女性の参詣客は増えたのだが、その反発も大きかったということである。また、同時に僧侶の妻帯も公認されたことで宗教的な権威が薄れ、廃仏毀釈に拍車がかかって信者を大きく減らしてしまい、寺院の合併会議も頻繁に行われるようになった。

ただ、女人禁制が解かれたとはいえ高野山全体の総意は固く、山内《さんない》に女性が居住できるようになったのは太政官布告から三四年を経た一九〇六（明治三九）年である。例外として、国や県の役人の夫人は居住が許されており、一八九四（明治二七）年に営林署長の夫妻に女児が誕生したことは、高野山で初めて誕生した赤ん坊ということで大事件となり、話題になったそうである。

そして、一八八八（明治二一）年、一二〇〇年の歴史のなかで高野山の町の姿をもっとも変える原因となった大火災が発生している。二日間にわたって大火災となり、全山がほぼ焼滅してしまった。この火災で、疲弊していた各寺院の統廃合が一気に進み、七七四坊が一一七坊に縮小し、空き地には江戸時代後期から住み着いていた衣服関係や土産物店に加えて商家が建ち並びはじめたわけである。ちなみに、一一七坊というのは高野山の塔頭としての寺院名であり、実際にある寺院としての敷地の数は五三宇である。

卑俗なたとえで恐縮だが、大相撲の親方株を想像していただくと分かりやすいと思う。つまり、高野山で僧階を得るための権利としての寺名が一一七あり、一つの敷地内の建物としての寺院には寺名が平均して二つあるということである。

「前官」ないし「上綱」と呼ばれる現住職と、次期を担う院家がそれぞれ僧名をもつための措置でもあり、「師資相承」（一四九ページの註参照）と呼ばれた師匠から弟子への継承から、親子による世襲が増えた現在では、祖父、父、孫の三代にわたる僧侶が同じ寺に居住するというケースが多く、寺名が不足するという事態も招いている。山内で行われる重要な儀式に参加するためには必ず寺名が必要なため、寺名が不足している寺院では、救済措置として他の寺院から名前を借用したり、仮寺名を金剛峯寺に申告するということも行われている。

高野山で初めて生まれた女性

高野豆腐と観光ブーム

明治時代の後半、高野山でもっとも増えた人々といえば、女性よりも高野豆腐の職人であろう。日清、日露と立て続けに起こった戦争の携行食として高野豆腐が日本軍に採用されたことから、厳寒の高野山の冬の一大産業となり、多いときには約三〇〇〇人の豆腐職人が現在の「中の橋」界隈に居住していた。しかし、この高野豆腐産業は、高野山の冬期の寒さが多少和らいだことと、長野県において製造が機械化されたこともあって大正時代になると寂《さび》れてしまった。

その代わりのように起こったのが観光産業である。とくに、一九三四（昭和九）年に開催された「御遠忌一一〇〇年法会」は、明治の廃仏毀釈と神仏分離政策の反動もあって高野山ブームが全国的に巻き起こり、林業の振興とあいまって山上の人口は約一万人にまで増加している（現在の人口は約三〇〇〇人）。

その後の高野山は、関東大震災や第一次世界大戦、第二次世界大戦による戦没者の供養先として全国的に知られていくことになる。このことは、弘法大師信仰に加え、真言宗自体がもともと宗派不問の性格をもっていたため、公共の供養先として制約がなかったことも手伝っている。奥の院では、大名の墓に代わって各企業が競うように合同慰霊碑を建立したこともあって、まさに高野山は「天下の総菩提所」となった。

世界遺産に登録されて以降、高野山へ登る人は増加傾向にあり、外国人も多くなったが、その目的は参詣ではなく観光のほうが多くなっている。「ついに現れたぞ！」というエピソードを某寺院のご住職から聞いたのも、すでに数年前のことになる。どういうことか説明しておこう。

奥の院への参拝を終え、お寺に帰ってきた人に、「近畿各地の世界遺産を巡るツアーで来たのですが、先ほどお参りした奥の院にはいったい誰が祀られているのでしょうか？」と質問されたというのだ。そのご住職は、世界遺産に登録されることによって高野山が観光地化してしまうことを常々懸念しておられたので、「ついに（高野山の意味が分からずに登山する観光客が）現れたぞ！」となったわけである。

しかし、これを「嘆かわしい」と思うのは地元民

氷豆腐製する図（出典：『紀伊国名所図絵』三編　五之巻　高野山）

の勝手かもしれない。高野山のことを知ってもらうという努力が欠けている結果でもあるからだ。「二一世紀は心の時代」とよく言われるが、何かを求めて高野山へ来る人に、空海が師である恵果《えか》和尚（一〇九ページ参照）の追悼に捧げた言葉どおり、「虚往実帰」(20)を参詣者に実感してもらうように、高野山全体が努力していかなければならない。

(20) 何も分からぬまま空っぽの心で行くが、帰るときは充実した心になっていること。師などから、感化・徳化を受けることのたとえ。

第5章

奥の院へ

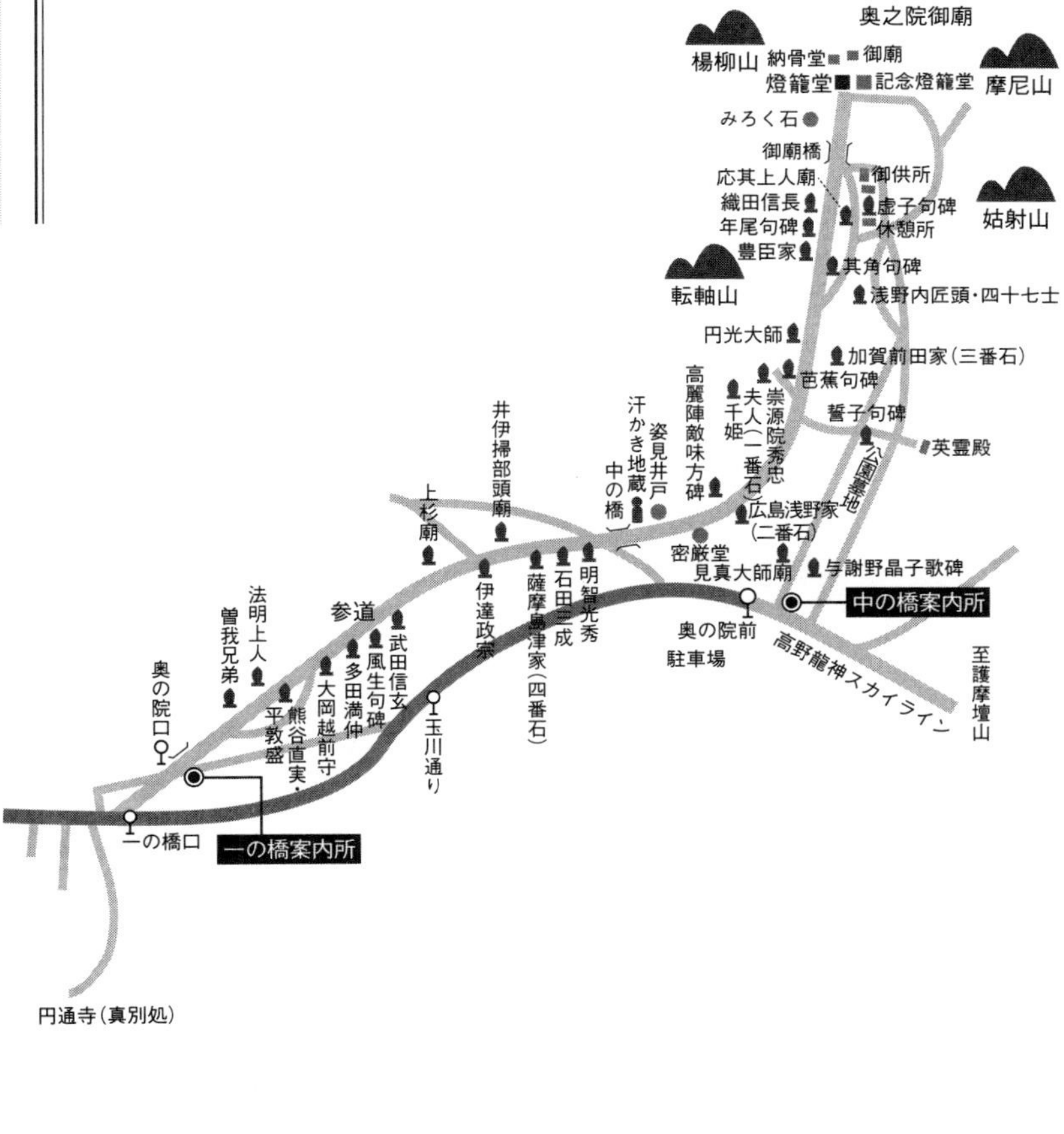

奥之院御廟
楊柳山
納骨堂
御廟
燈籠堂
記念燈籠堂
摩尼山
みろく石
御廟橋
応其上人廟
御供所
織田信長
虚子句碑
年尾句碑
休憩所
姑射山
豊臣家
其角句碑
転軸山
浅野内匠頭・四十七士
円光大師
加賀前田家（三番石）
高麗陣敵味方碑
崇源院秀忠夫人（一番石）
千姫
芭蕉句碑
誓子句碑
英霊殿
井伊掃部頭廟
汗かき地蔵
姿見井戸
中の橋
公園墓地
上杉廟
広島浅野家（二番石）
密厳堂
見真大師廟
与謝野晶子歌碑
明智光秀
石田三成
薩摩島津家（四番石）
伊達政宗
中の橋案内所
奥の院前
駐車場
高野龍神スカイライン
至護摩壇山
参道
武田信玄
風生句碑
多田満仲
大岡越前守
熊谷直実・平敦盛
法明上人
曽我兄弟
奥の院口
玉川通り
一の橋口
一の橋案内所
円通寺（真別処）

「三途の川」を渡って

古来、日本では此岸（この世）と彼岸（あの世）の間には三途《さんず》の川が流れていると想像されてきた。中国由来の考え方ともされているが、ほとんど世界中に見られる死生観でもあり、ギリシア神話などにも同様の川が登場する。それは「ステュクス川（怒りの川）」とか「アケロン川（嘆きの川）」と呼ばれており、ギリシア神話では渡し守のカロンに支払う渡し賃として一オボロス硬貨（小遣い銭程度）を死者の口の中に入れたという。日本における三途の川の渡し賃六文と同じようなものであろう。

奥の院の弘法大師廟（以下、御廟）へ行くには、三つの川を渡ることになる。この三つの川がそれぞれ「現世」と「来世」と「浄土」の境界を段階的に象徴

「一の橋」と呼ばれている大渡橋

しており、そこに架かっている橋が、安全に来世や浄土へ行くための最上のコースであることを象徴している。というのも仏教では、善人は橋を渡るだけで次の世界へ行けるが、軽い罪をもつ者は浅瀬ながらも川の中を歩いて渡り、重罪人は深い難所を苦労して渡らねばならないとされているからだ。この「三種類の途《みち》」が、いわゆる「三途」の語源でもある。

奥の院にある一つ目の境界は、高野山内を流れている「御殿川《おどがわ》」を渡る橋で、「大渡橋」もしくは「大橋」というのが正式名称だが、入り口であることから「一の橋」と呼ばれることが多く、この付近の地名にもなっている。(1)

キリスト教の碑もある大墓石群

ここから約二キロ、御廟まで延々と樹齢数百年の杉木立とともに墓石群が続く。その数は二〇万とも三〇万ともいわれており、墓石が建つ以前の「一石五輪塔」となると、埋没してしまって

(1)　ただし、最寄りのバス停の名称は、一七町石付近にある「奥の院口」である。ほかに「一の橋口」という中の橋へ向かう別ルートのバス停が一五町石付近にあり、混同されやすいので注意が必要。

いるものも多くとても数え切れない。鎌倉時代以降、ありとあらゆる階層と宗派を超え、人々はここに五輪塔や墓石を建て続けた。

たとえば、江戸時代の大名たちは、約二五〇藩の過半数にあたる藩主が墓石あるいは供養塔を建てている。法然や親鸞の墓をはじめとして、初代市川團十郎（一六六〇〜一七〇四）の墓や関東大震災の供養塔もあるし、戦没者の供養塔も多く建てられている。驚くことに、レプリカだが景教（キリスト教）の碑さえある。御廟で入定を続けている弘法大師空海とともに、すべての人が五六億七〇〇〇万年後の弥勒菩薩の降臨を待つという、大師信仰のなせるわざである。

墓地というと暗くて不気味なイメージを思い浮かべるかもしれないが、奥の院の雰囲気は少し違う。供養として植えられたり、あるいは実生として育った杉の大木群が日差しを遮り、苔むした墓石群が続いているわけだが、墓石の一つ一つに木漏れ日が差し込む参道を歩いていると、時を超えた静謐な世界に浸ることができる。この空間は、死者を供養する場であることは言うまでもないが、同時に、未来への希望、すなわち魂の救済が託された場でもあるからだ。

景教碑

ちなみに、この木漏れ日は、「樹齢数百年の杉木立の大木を縫って、大日如来の教えのごとく早朝の陽光が諸大名の眠る奥の院参道に降り注ぐ、霊山高野山ならではの光景に気持ちが引き締まる」として「和歌山県朝日夕陽百選」にも選ばれている。

一の橋を渡ってすぐの所に、象徴的な碑が二つ建っている。左手にある白い炎に手形が押された碑が「同期の桜」の碑、つまり特攻隊の供養碑であり、右手にあるのがシベリア抑留者の無事帰還を願って建立された「必救一念石」である。奥の院では、死者への供養と、生者への祈りが同時に存在しているのだ。

最近では、道路環境がよくなったこともあり、一の橋を通りすぎて、大きな駐車場がある「中の橋」から奥の院へ向かう人が多いようだが、

同期の桜の碑

必救一念石

ぜひ一の橋から歩いてほしいと願う。ただ歩くだけなら、若干の上り下りの階段が途中にあるものの、石畳がきれいに敷かれており、三〇〜四〇分もあれば御廟に到着する。

織田家、豊臣家、松平家、伊達家に島津家、石田三成などの墓が並ぶ二キロ弱の道程を歩きながら、かつては敵味方に分かれて争った武将たちが奥の院で穏やかに同居している様子を見ていくと、今では仲良く碁でも打っているのではなかろうかというようなことを想像してしまう。一方、いまだに道を挟んで対峙している武将もいる。武田信玄と上杉謙信の墓である。さて、どこで対峙しているのか、奥の院に来て確かめていただきたい。

木漏れ日の参道

見所と言っては語弊があるかもしれないが、「一番石」と呼ばれる徳川二代将軍秀忠の妻であった崇源院(2)の、高さ六・六メートル、台石が八畳ほどもある巨大な五輪塔の前に立つと、思わず感嘆の声を上げるかもしれない。そのほか、信長の高野山攻めを結果的に阻止した、ある意味高野山の救い主である明智光秀の墓が、逆賊としてなのか墓石が割れたままにされているし、世界遺産に指定されている越前松平家の石廟などといった興味深い墓がたくさんある。

また、墓石の前に石製の鳥居が建立されている墓が多いことに気付くと思う。これも神仏混淆を示すもので、神と仏もごく自然に同居しているということである。また、古地図によると、明治の神仏分離令を受けるまでは、参道沿いに北野、住吉、矢田、熱田、八幡、伊勢、春日、蔵王、熊野などの神社の祠がずらりと並んで祀られていたことも分かっている。

奥の院もまた曼荼羅の世界であり、神であるとか仏であるとかを区別せず、ただただありがたい存在として崇められていたのである。それにしても、神仏分離令によって取り払われた神道系の祠はどこにいってしまったのだろうか。いつの世も、人間だけが手前勝手な解釈で区別（差別）を行うという見本なのかもしれない。

一番石と呼ばれる五輪塔

（2）（一五七三～一六二六）将軍家光の母。織田信長の姪にあたり、姉は秀吉の側室淀君。二〇一一年放映のＮＨＫ大河ドラマ『江――姫たちの戦国』では主人公となった。

あの世とこの世を分ける金の河

二番目の橋は「中の橋」と呼ばれている。正式名称は「手水橋《ちょうず》」であり、昔はここで禊ぎを行っていた。そして、この橋の下を流れる川が「金の河」である。ここで言うところの「金」は、忌み言葉である「死」の言い換えである。つまり、ここが三途の川なのだ。現在ではごくごく小さな流れとなっているが、ここからいよいよ冥界に入っていくことになる。とはいえ、大正時代にはこの橋の下に軌道を設けて、木材運搬用のトロッコを走らせていたという。明治の文明開化を経て、三途の川にレールを敷くという発想がどこから生まれたのか不思議でならない。やはり、経済優先なのであろう。

なお、この橋から東部分は地名としても「中の橋」

二番目の橋「中の橋」

と呼ばれるので注意が必要である。つまり、高野山で「中の橋」と言えば、生活圏である地名、すなわち国道３７１号線沿いの住宅地域を指す場合が多いのだ。また「中の橋駐車場」も、参道上の中の橋からは数百メートル離れているため、勘違いから、待ち合わせをしたときなどにすれ違いが起こってしまうことも多い。

中の橋の横には、衆生の苦しみを一身に引き受けて汗をかいているという「汗かき地蔵」が祀られ、その横にはのぞきこんだ顔の映り方の濃淡で寿命が分かるという「姿見の井戸」がある。また、中の橋を過ぎると「覚鑁《かくばん》坂」と呼ばれる上り坂がある。上り切った所に興教大師・覚鑁の御堂があるのでこう呼ばれているが、ここで躓くと三年以内に死ぬという伝説がある。そのせいか「三年坂」とも呼ばれ、その石段の数は四二となっている。つまり、死に（四二）越えるという意味である。

また、坂の初めには、奥の院で確認されているもっとも古い女性の墓、上智禅尼の墓石がある（一三七五年建立）。この墓石に耳をあてると、善人には天の声が聞こえ、悪人には地獄の釜のうなる音が聞こ

覚鑁坂

汗かき地蔵

えるという言い伝えがある。かつて女人禁制であった高野山、亡くなって初めて入山できたのである。

中の橋あたりのことについて、高野山霊宝館の学芸員である宮崎恵仁氏に話を聞いたところ、次のように説明をしてくれた。

「中の橋付近に寿命にまつわる話が集中しているのは、『あの世』と『この世』、『聖域』と『俗域』とに、川を介して分けているからです。つまり、古くは中の橋から先が墓域、聖域とされていたことを物語っており、後世になるに従って、俗のほうが色濃い一の橋まで墓域が広がっていったのではないでしょうか」

最も古い女性の墓

イコモス調査員を驚嘆させた「敵味方供養碑」

覚鑁坂《かくばん》を上り切ると今度は下りとなる。少し行くと、左手に「高麗陣敵味方供養碑」があるので注目していただきたい。これは、一五九七（慶長二）年に豊臣秀吉が高麗（朝鮮）に軍を進めたとき、薩摩の島津義弘（一五三五～一六一九）とその子忠恒《ただつね》（一五七六～一六三八）によって、敵味方の区別なく供養のために建立されたものである。世界遺産登録の事前調査に来たイコモス（ＩＣＯＭＯＳ・国際記念物遺跡会議。五ページの註参照）の調査員が、四〇〇年以上も前に、すでに日本人が赤十字の精神をもっていた証として驚嘆したという碑である。

さらに参道を進むと、右手から道が合流するＴ字路がある。巨大な三本の杉が根元で合体しているので「三本杉」と呼ばれる地点だ。右手からの道は、昭和になってから造られた大駐車場からのルートで、前述したとおり、この龍神スカイライン手前の大駐車場が「中の橋駐車場」と呼ばれている所である。

車での参詣だとこの新しいルートで奥の院に向かうことになるわけだが、こちらの道は明治以降に新しく開かれた墓地なので比較的新しい墓が多く、江戸時代の大名の墓に倣うかのように企業の代表者が眠っている。有名企業がそれぞれの社風を表すかのように、テレビ画面の形をしたものやコーヒーカップ（中にはコーヒー色の石が入っている）をかたどったもの、あるいは企業のシンボルなどをそれぞれ巨大化して社墓にしている。そのなかでも異彩を放っているのは、やはりロケットの形をした墓だろう。

高麗陣敵味方供養碑

人間以外の墓も多い。愛犬の碑とか、実験動物の供養碑や駆除業者による白蟻の供養碑というのもあり、落書き塚というユニークな塚もある。一世を風靡した落語家、柳家金語楼（一九〇一～一九七二）が建立したもので、「史跡に落書きするなら、ここに『楽書き』を」と呼び掛けている。一方、旧参道には、「父母のしきりに恋し雉の声」で知られる松尾芭蕉（一六四四～一六九四）や、宝井其角《きかく》（一六六一～一七〇七）の歌碑なども据えられており、奥の院が単なる墓地ではなく、さまざまな人々のそれぞれの思いがそこかしこに刻まれていることがよく分かる。

落書き塚

お大師様へ「精進カレー」をどうぞ

三本杉を過ぎるとまもなく参道が開け、いくつかの建物が見えてくる。手前から、茶処、御供《ごく》所《しょ》、護摩堂である。そのほかにも、奥の院に勤める人々の宿舎や蔵なども奥に控えて建てられている。

茶処は、文字どおり無料の茶が振る舞われる休憩所で、一九一五（大正四）年、高野山開創一一〇〇年記念として建立されたものである。正式には「頌徳殿《しょうとくでん》」と言い、朝九時から夕方四時半の間、セルフサービスでお茶がいただける休憩所となっている。空海や高野山の解説ビデオも随時流されているほか、時間によっては説法も聞けるので、ここで小休止をしてから御廟に向かうのもいいだろう。この茶処の向かい側には、これまでにも紹介した木食応其《もくじきおうご》上人（一一五ページなど参照）の御堂もあるので、ぜひ立ち寄っていただきたい。

茶処の隣が奥の院で行われる主要な儀式を司る御供所で、参道沿いの窓口で、朱印帳や

応其上人の御堂

お茶がいただける頌徳殿

嘗試地蔵

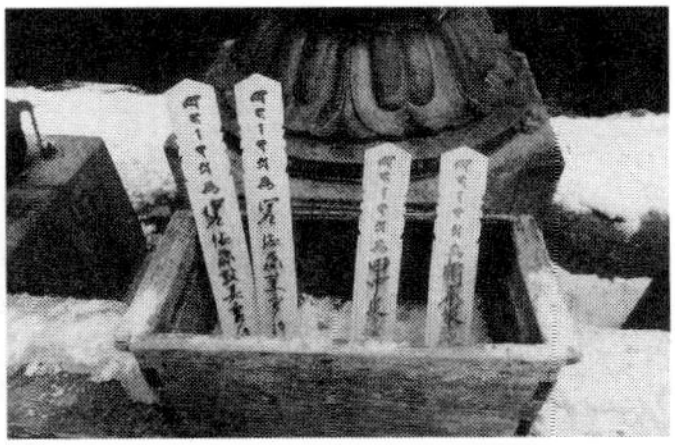

水塔婆

供養のための水塔婆（薄い木の塔婆）の受け付けをしてくれる。御供所《ごくしょ》の中には、奥の院でもっとも大事な用事を毎日行う場所があり、その象徴となっているのが、次に建つ厄除けなどの祈祷を受け付けてくれる護摩堂との間にある小さな祠で、「嘗試《あじみ》地蔵」である。

八三五（承和二）年以来、空海がこの奥にある御廟で入定し続けているという信仰に従い、今でも毎日二食、空海に食事が供され続けている。その料理をまず味見するのが嘗試地蔵尊の役目であり、午前六時と午前一〇時半の二回(3)、「維那《いな》」（高野山では「ゆいな」とも）と呼ばれる僧侶を先頭に、芥子色の僧服をまとった「行法師《ぎょうほうし》」と呼ばれる若い僧二人が白木の箱に入った供物を担ぎ、嘗試地蔵に供えてから御廟へと運ばれていく。

維那を先頭に御廟へ食事を運ぶ「生身供」

この儀式を「生身供《しょうじんぐ》」と言う。炊きたてのご飯に一汁四菜が基本だが、時には精進カレーというようなメニューも登場するというから、仏教の生まれた地域の料理として空海も喜ばれているにちがいない。また、空海入定の縁日である毎月二一日には七種類の菜が、そして正月には三の膳までしつらえられる。

なお、この料理に使われる野菜類を寄進するという慣習が高野山を取り巻く村々には古くからあり、「御番雑事《ごばんぞうじ》」と呼ばれている。現在は過疎化が進み、「杖ケ藪《つえがやぶ》」という村落にだけ残っている習慣だが、近隣の人々がいかに空海を慕っていたかを物語る慣習である。

御廟橋の向こうは曼荼羅界

そして、いよいよ三番目の橋を渡ることになる。「御廟橋」あるいは「無明の橋」（煩悩を払うの意）と呼ばれている。その下に流れる川は高野三山の一つである楊柳山を源泉とする玉川である。橋を渡る前に、御廟橋の右横に並ぶ水向け地蔵尊に水をかけるというのが慣わしとなっている。

（3）僧侶の食事は、基本的に午前中に二回が伝統となっている。

「地蔵尊」と一口に言うが、一三体の仏像のなかには不動尊もあり、観音像もある。この前に、先ほどの御供所《ごくしょ》で求めた水塔婆を供養のためとして供える人もいるし、供えずとも他人の供えた水塔婆に水をかける人もいる。思いは、ここでもさまざまなのだ。しかし、共通する気持ちは一つ「相互供養」である。空海が生きとし生けるものすべてに慈悲を傾けるがごとく、ここではみんなが、見ず知らずの他者のためにも祈るのである。

足下を流れる玉川にも水塔婆が供えられている。「流水灌頂《りゅうすいかんじょう》」である。この玉川では、冬期に水行も行われている。つまり、聖なる川でもあるのだ。御廟の橋の前で一礼する。一の橋、中の橋、そして御廟橋と、空海が参詣する一人ひとりを出迎え、帰りは送ってくれると人々は信じており、自らも礼拝するのである。

三番目の橋「無明の橋」

御廟橋は三六枚の石板でできており、裏面にはそれぞれ金剛界の諸仏諸菩薩を表す梵字が刻まれている。町石が三六石で金剛界三七尊を表すがごとく、全体でもう一つの仏と数えるのだ。日差しの角度によっては、この名号が水面に映るのを見ることもできる。

はるか昔はこの橋がなく、参詣する人は玉川を禊ぎながら歩いて渡ったそうだ。橋ができてからも、石に刻まれた諸仏諸菩薩をまたがぬようと、すり足で歩くことが普通だったといわれている。

御廟の橋を渡ると、そこはもうこの世でもあの世でもない、聖も俗も、過去も未来も、そして生も死も、すべてが平等に混じりあった曼荼羅の世界である。眼前に真っすぐ続く参道の向こうから、「ゴトン、ゴトン」という岩の転がる音が聞こえてくるかもしれない。弥勒石である。

遠い昔、兜率天《とそつてん》（一二三ページの註参照）から蓮の糸に吊られて降りてきたという、ひと抱えほどの漆黒の石が祀られている小堂があり、四面が格子になっていて、中は二段の階段状になっている。一か所だけ空いている小孔に片手を入れ、下の段から上の段に弥勒石を上げることができれば願いが叶うとされている。

その際、罪の軽い者は自然に上がり、罪の重い者にはとうてい上げられない重さとなると言われている。この石を持ち上げたり落としたりする音が参道にこだまするのである。もともとは撫でることで弥勒菩薩との縁を結ぶという信仰だったらしいが、江戸時代に今のような

玉川に供えられている水塔婆

名号が水面に？

形に変化したようである。若い人たちが嬌声を上げながら力比べしているのを見て、きっと空海も苦笑いをしていることだろう。

弥勒石を過ぎて少し行くと、左手に鬱蒼と茂った森の中に廟が見えてくる。江戸時代前期の第一一二代霊元天皇（一六五四～一七三二）から、第一一三代東山天皇を除く、中御門（一一四代）、桜町（一一五代）、桃園（一一六代）、後桜町（一一七代）、後桃園（一一八代）、光格（一一九代）、仁孝（一二〇代）、孝明（一二一代）と、明治までの九天皇と皇后、皇族の髪、歯、爪を祀る供養塔が建てられている「仙陵《せんりょう》」である。長らく院政を敷き、「仙洞様」と呼ばれた霊元天皇に由来する命名と思われるが、明治時代に国家神道が取り入れられるまで、歴代天皇が信仰心の厚い仏教徒であったことを示す陵墓であり、昭和天皇や今上天皇をはじめとした皇族が現在も高野山へ行幸される由縁でもある。

仙陵（年未詳）（出典：『高野町史　別巻　高野町の昔と今』600ページ）

不滅の灯火

御廟は、参道と同じ幅の階段を上りきった、巨大な燈籠堂の奥に鎮座している。この燈籠堂こそが空海入定後に真然《しんぜん》大徳によって建立されたものであり、九九四（正暦五）年の大火のあと、祈親《きしん》上人（一二五ページの註参照）が復興を目指して火を灯して以来、一〇〇〇年もの時を超え、連綿と高野山と大師信仰を支えてきたわけである。

なお、現在の建物は、高野山開創一一五〇年の記念事業として一九六四（昭和三九）年に建立され、開創一二〇〇年記念事業として二〇〇九（平成二一）年に改修されたものである。桁行四〇・六メートル、梁間二一・九メートルと、一〇二三（治安三）年に藤原道長の寄進によって再建されて以来、ほぼ同じ大きさとなっている。

本来は御廟の拝殿だが、燈明が寄進され、燈籠で埋め尽くされているため「燈籠堂」と呼ばれている。なかでも、祈親《きしん》上人の項で紹介した「貧女の一燈」(4)（一五二ページ参照）と、白河法皇が献じた「白河燈」、そして昭和になって芦田均首相が献じた「昭和燈」が不滅の燈火として守り続けられており、現在も先祖供養や家内安全などの祈りを込めた燈籠が次々に捧げられている。

自分自身に、そして自分の中の仏に出逢う場所

回廊を左へ進むと、斜め前方にひっそりと小堂が佇んでいる。高野山復興の主、祈親《きしん》上人の霊《たま》屋《や》で、そのさらに先にある八角形の納骨堂を見守っているかのようだ。前記した燈籠堂で分骨を納めることで、奥の院の参道に墓を建立せずとも納骨できるため、一〇〇〇年以上の長きにわたって、数億人にも上るであろう人々の遺骨や遺髪がこの納骨堂に納められてきた。高野山内の寺院に納められた遺骨も、やがてはすべてこの納骨堂に集められ、供養ののちに御廟の裏山へ葬られ、五六億七〇〇〇万年後の弥勒菩薩の降臨を待つことになる。

高野山周辺や紀ノ川筋には、古くから「骨のぼり」（骨のぼせ、ともいう）と呼ばれる風習がある。葬儀の翌日、高野山へ登山し、壇縁のある寺院や奥の院へ直接分骨するわけだが、登山した際には、まず位牌屋[5]（現在も数軒ある）にて戒名を告げて注文し、納骨している間に彫り上がった位牌を受け取って下山するというのが慣わしとして定着してきた。

高野山の悠久の歴史が凝縮されたともいえるこの納骨堂を拝するとき、誰しもが頭を垂れ、空海による万人救済の請願を体感することであろう。筆者自身の体験として、義父の分骨を納骨した際、その先祖もまたここにいるということを改めて実感し、義父は一人で黄泉に旅立ったので

はなく、そこにはすでに先祖が待っているのだという無上の安心感を覚え、高野位牌を持ち帰る道すがら、やがてそれは自らにも用意された救済の道であると実感することできた。

納骨堂から回廊を右に折れて進むと、檜皮葺《ひわだぶ》きの築地塀に囲まれた御廟が参詣人一人ひとりを迎えてくれる。御廟の中に入ることはもちろんできないが、正面から拝することはできる。ただし、見えているのは上屋であり、中にもう一宇の堂があると言われている。しかし、それを見た者は誰もいない。

二〇年ほど前、筆者は御廟の屋根修理のため得度をし、僧侶として工事に携わる機会に恵まれたのだが、「屋根の下地から下は見るな」と言われ、手探りで作業をしたことを覚えている。もちろん、言われなくても見ることは憚られたが……。

そのときの記憶では、御廟の境内には正面向かって左に「稲荷契約」（次ページコラム参照）で知られる白髭稲荷明神の社があり、向かって右に、丹生都比売《にうつひめ》と高野明神の社が祀られていた。御廟前の回廊にも、それに応じて線香台と蝋燭台がしつらえられており、築地塀の格子越しに垣間見えるので、位置関係はそれで推定していただきたい。

（4）（一八八七〜一九五九）戦後、鳩山一郎らと日本自由党結成に参加。一九四八年、内閣総理大臣に就任するが、昭和電工事件で総辞職したのち逮捕されたが、のちに無罪。「筋金入りのリベラリスト」と評された。

（5）「高野位牌」と呼ばれ、高野豆腐、高野槙と同じく、高野山の特産品として以前は広く知られていた。

column

稲荷契約

前世において、釈迦の説法を空海と稲荷神が共に聞いた時、来世は互いに東の地に生まれ変わって仏法を広めようと約束したという伝承を「稲荷契約」と呼ぶ。そして、今世において田辺の地で、空海は身の丈八尺（2.4m）の白髪異形の老翁に出会い、稲荷神と確信、鎮護国家のための加護を要請したという。出会いの地に建てられた神社は田辺市紺屋町に現存し、伏見、豊川、最上の日本の三大稲荷より古いとの伝えも残されている。

その後、823年4月13日、老翁が「稲荷」の文字通り稲を担い、椙《すぎ》の葉を提げて東寺を訪れ、空海は大歓待したという。

史実としても、東寺の五重塔建立に伏見稲荷山の用材を調達すべく、稲荷神を特に篤く祀ったことから、現代でも、伏見稲荷から神輿が東寺に巡幸し、「神供」を受けるという稲荷祭（還幸祭）が行われている。

稲荷神の眷属は狐とされるが、これは元々、狐が害獣であるネズミを捕ることから神聖視されていたことと、食物・豊作の神の異名である「御饌津神《ミケツノカミ》」に狐の古名である「ケツ」を当て、「三狐神」として崇めたことに由来するようだ。

真言密教が普及し、眷属の姿が似ている、荼枳尼天《ダキニテン》と習合したことにより、本来もつ、神道の神としての「稲作・豊穣の神」という性格に加え、徳川家康の豊川稲荷への帰依など、戦勝祈願から始まり、やがては開運や病気平癒など、ほぼ万能の願望成就の神となる。その一方、荼枳尼天がもつ荒々しい性格から、信仰を怠ると逆に災厄を招く祟り神としても恐れられた。これがかえって日本人の崇敬をかきたて、現在、神社はもとより会社や家庭屋敷神としても多く祀られ、日本最多の社をもつに至っている。（尾上恵治）大森惠子『稲荷信仰の世界』慶友社、参照。

最後に、堂宮大工の筆者らしく、御廟の屋根替えに携わったときのことについて少しだけ述べさせていただく。二〇一四（平成二六）年一一月、中門再建工事の完成とほぼ同時期に屋根替えも無事に完了できたことは生涯忘れえぬ喜びとなった。この世に生を受けた役目を果たしたというような心持ちでもあり、このまま寿命が尽きるのでは……という不安も少しあるが、これからも生かされている命に感謝しつつ、高野山の各建物の営繕に精進していきたいと思っている。

御廟の屋根替え

筆者が初めて得度を受けたのは一九八九（平成元）年の二月、二九歳のときである。もっともこれは、四度加行《しどけぎょう》（一七六ページのコラム参照）を行って正式な僧侶になったわけではなく、在家では立ち入れない奥の院の御廟で仕事をするために便宜上受けたものである。それでも「戒名」と呼ばれる僧名をいただき、身の引き締まる思いで御廟の築地塀の門をくぐった。

このときは御廟を取り囲む築地塀の屋根替えであり、御廟本体は仰ぎ見るだけだったが、一九九一（平成三）年に御廟の屋根替えが行われた際は、再度得度を受けて工事に臨んでいる。当時の金剛峯寺の工務課長に「工事関係者は得度を受けるように」と言われ、「前回、受戒して僧名もいただいてますが」と答えると、「そんなもんは期限切れや、それにな、得度という字をよぉ見てみ、得る度、って書いてあるやろ、何べん受けてもええもんなんや」と言われ、さらにありがたい思いがした。

工事自体は檜皮《ひわだ》の葺き替えであり、大工工事は下地の修理だったが、「なるべく下（屋根の内部）を見るな」という指示があった。こちらにしても、目が潰れるような憚《はばか》りがあり、ほとんど手探りで作業を行った。

御廟は、言うまでもなく、今も入定留身を続けておられる弘法大師のお住まいである。神社の社であれば、遷宮して一時引っ越していただくわけだが、大師の場合は家移りというわけにもいかない。したがって、筆者ら堂宮大工は大師の頭上を踏み歩くことになってしまう。そこで、得度をしたうえで腰に御札を結び付け（通称、尻尾守り）、人以外のものとして屋根に登ることになった。もちろん、毎朝斎戒沐浴《さいかいもくよく》(6)をするか、丁子《ちょうじ》を口に含み、塗香を手に塗ってのことである。

腰に御札を結び付けた時点で尻尾が生えたこととなり、猿や鳥、つまりは罪のない動物になったことになる。程度はともかく、万物の霊長からワンランク下がったような気もしないではなかったが、毎日二回、弘法大師に食事（精進供）を運ぶ長である維那《ゆいな》さんから「猿とか鳥とか思てたらあかんで、龍や鳳凰になったつもりで精を出すんやで」と諭され、なるほどワンランクアップであったかと喜びもした。

二十数年の時を経て、二〇一四（平成二六）年の中門再建工事が完成した年に再び屋根替えの時期を迎え、三度目の得度を受けられたのは幸甚の極みと言えるし、自らの仕事において誉れとなる。工事の詳細については、さすがに詳しく書くことはできない。今回は、堂宮大工の責任者として各部材に書かれた書き付けを垣間見る機会に恵まれたので、営繕の年のみ書き記しておこう。

もっとも古い書き付けで確認できたのは、元治二年（一八六五）のものである。大正一二年（一九〇一）と昭和三五年（一九六〇）にも営繕したという書き付けが部材に残っていた。その後は棟札《むねふだ》が現存しており、昭和一九年（一九四四）、昭和四〇年（一九六五）、昭和五三年（一九七八）、平成三年（一九九一）となっていた。

現在の御廟自体は、一五八五（天正一三）年、当時の奥の院の責任者であったと思われる十穀快真(7)によって建立されたとなっている。実は、御廟の内部にはさらにもう一つ建物がある。それこそが御廟で、快真が建てたとされている現存の建物は、鞘造りの覆堂《おおいどう》ではないかともいわれている。なにしろ、四〇〇年以上もの間、誰も内部に入っておらず、学術的な調査も頑なに拒まれ

---

(6)　神仏に祈ったり神聖な仕事に従事するのに先立ち，飲食や行動を慎み，水を浴びて心身を清めること。

(7)　（生没不詳）詳細な記録は残っていないが，同時期に奥の院の不動堂なども営繕している。

たまま現在に至っている。

もっとも、学術調査などを受けようものなら、そのまま国宝に指定されてしまって、かえって神秘性を失うことになるだろう。それほど、この安土桃山時代の様式を色濃く残す三間半角（約六・四メートル）の宝形造りの御廟は、一見するだけでは四〇〇年以上もの時を過ごしたとは思えないほど壮麗かつ頑健であり、真言宗徒でなくても何か不思議な力が作用しているようにしか思えないほどの建物である。

工事中、何かと不思議なことが起こるのも常である。一例を挙げておこう。

通常は、もちろん撮影厳禁となっているのだが、工事報告用のみ撮影をさせていただき、「完成後にはすべてのデータを破棄すること」という指示を受けていたわけだが、当初は撮影する

弘法大師御廟（年未詳）（出典：『高山町史　別巻　高野町の昔と今』602ページ）

こと自体が憚られた。

しかし、仕事がゆえに撮影を続けるうちに、複数のデジカメで露出などを一切変えてないのに真っ黒な画像が何枚か混じりだしたのだ。なるほど、写してはいけないものはもともと写らないのだと納得し、その後は遠慮なく「南無大師遍照金剛」とご宝号を唱えつつ撮影することにした。あとで金剛峯寺の工務課の人も同じ経験をしていたと聞いたが、その時点では、不思議というより当然のような心持ちがした。

ほかにも奇跡としか思えないような出来事がいろいろとあったが、それは守秘義務の範疇でもあり、また自分だけの幸せな記憶にとどめたいので本書では割愛させていただく。


これまで述べてきたように、ここは弘法大師空海が入定を続ける聖地であり、稲荷契約による加護と、産土神との契約の土地でもある。そしてここでは、二四時間、絶えることなく祈りが捧げられている。その祈りは、決して死や過去にだけ向かうものではない。御廟は、出家と在家、聖と俗、過去と未来、そして生と死さえも超えて空海と出逢い、自分自身の中にある仏と出逢える場所なのだ。

インタビュー　松長有慶高野山前管長

（聞き手：小野田真弓）

二〇一四年一月、当時高野山の管長を務めていらっしゃった松長氏のコメントをいただくことができた。お忙しいなか、何とか時間をとっていただきインタビューを行うことができたことをうれしく思っている。共同執筆者の一人である小野田さんにインタビューアーを務めてもらったわけだが、筆者も同席をしたので少し言葉を挟んでいる。

以下に紹介する松長前管長が話された生の声、気さくな雰囲気でお答えいただいたにもかかわらず重厚なものになっている。ひょっとしたら、今後、読者のみなさんの、高野山への登り方が変わるかもしれない。

●松長有慶高野山前管長略歴
1929年、高野山に生まれる。1951年、高野山大学密教学科卒業。1959年、東北大学大学院文学研究科印度学仏教史学科博士課程修了、文学博士。第412世座主・高野山大学名誉教授。著書として、『密教』（岩波新書）、『大宇宙に生きる空海』（中公文庫）などがある。

●英語よりフランス語が飛び交う山内《さんだい》

小野田　本日は、よろしくお願いします。さて、「紀伊山地の霊場と参詣道」が世界遺産に登録されて一〇年を迎えましたが、登録の前と後とで、高野山ではどんな変化がありましたか？

松　長　一番違う点は、外国人の観光客が増えたことでしょうね。これまでも、仏像拝観とか留学とかで外国の方が訪れることはありましたが、観光でこれだけの外国人が押し寄せることはなかったですね。電車、バス、ケーブルカーでも、数か国語で説明をするようになりましたね。

外国人の観光客というとアメリカ人が多いのかと予想していたんですが、フランス人、ベルギー人などフランス語を話す人たちが結構多いです。ヨーロッパのカトリックの国々には、古くから神秘的な話や神話があって……そういうことに興味をもつのでしょうね。

四〇年ぐらい前ですけど、学者をやっていたときに、チベット仏教文化の学術調査でヒマラヤの山奥を歩き回ったことがあるんですが、そこにもフランス人やベルギー人がかなり来ていました。だから、高野山に来る外国人でフランス文化圏からの人が多いというのは何となく分かる気がします。フランスで高野山のガイドブックが発売されたとか聞いて、みんなびっくりしてますが、東洋や高野山の神秘的な雰囲気に憧れるんでしょう。

小野田　女性一人でやって来るフランス人もいますね。今朝も、バスで奥の院に来ている人を見かけました。

尾上　とくに、世界遺産に指定されるとフランス人の観光客が増える傾向があるようです。

松長　そうですか。熊野や吉野でフランス人が増えているかどうかは知りませんが、フランス人が増えたということはよく分かります。

尾上　熊野では、中国や韓国からの人が多いようです。理由は分かりませんが、見事に棲み分けがされているように思います。

小野田　とくに台湾は、観音信仰が厚いため、熊野三山というよりも西国三十三ヶ所観音霊場の一番札所である青岸渡寺に行かれる人が多いですね。先日も、線香を堂内に持ち込もうとして注意された台湾の方がいました。台湾では、堂内の観音像の前に線香を手向けるので、そのあたりの風習が「台湾とは違うね」と、その女性はつぶやいていました。

松長　そうですか……。フランス人は山の中が好きなのかな。

小野田　フランスには、スペインまで続くサンティアゴ・デ・コンポステーラという道があり、学生などは宗教というよりも体力づくりのために歩いているようです。

松長　といっても、高野山へは歩くために来ているわけではないでしょう。サンティアゴ・デ・コンポステーラとはちょっと違うと思います。やっぱり、雰囲気なんですよ。聖域とされる山の中に町がある。こんな所は、外国にはおそらくないですよ。そりゃあ、びっくりすると思います。日本人は聖俗一緒なんだけど、西洋人は聖なる所と俗なる所をピシッと分けたがるんです。

●霊地から聖地になった「野」

小野田　熊野古道は数少ない「道の世界遺産」（まえがき参照）の一つですし、そこに惹かれて来る人もいるかもしれませんね。

松　長　熊野古道は日本の古代信仰のなかでできあがったもので、あの道をフランス人が歩き回っているという話はあまり聞いたことはないですなぁ。

尾　上　そうですね。歩くよりも、一か所に留まって瞑想するのがどうやら好きなんでしょう。

松　長　道のために……日本にもサンティアゴ・デ・コンポステーラと同じような霊場があると考えて来ているわけではないと思います。一方、ヒマラヤにはチベット人の霊場があって、巡礼という風習もあります。学術調査の折のことですが、チベット人の巡礼団に出会ったときは四国八十八ヶ所のお遍路さんを思い出しましたね。

聖地巡礼の風習はどこの国にもあるんですね。昔の日本人は、礼拝しながら町石道《ちょういしみち》などを歩いて高野山に登ってきたわけです。そういう意味では、吉野・熊野、みんな一緒なんです。ところで、吉野、熊野、高野、なんで「野」というか知ってますか？

小野田　よく尋ねられるんですが……。

松　長　不思議でしょう？　「野」というのは、死体の置き場所だったんですよ。少し小高い所で、俗世界の人の行く所ではないということで結局霊地になっていくわけです。

尾　上　山岳信仰の原型ですね。そう言えば、弔いのことを「野行き」とか「野辺の送り」などと言いますね。

小野田　そう言えばそうですね。今まで、そのような関係で考えたことがなかったです。

松　長　だから、みんな「野」が付いているわけです。高野山も、弘法大師が登って来る前は霊の棲む山だったんです。吉野も熊野も、みんな同じなんです。このことは、私だけが言っているんですが、なかなか信用してくれないんです。（笑）

小野田　なるほど、そう考えると納得できますね。その話で思い出しましたが、本宮大社の旧社地「大斎原《おおゆのはら》」は三つの川が集まる所で、上流の十津川あたりで水葬されたご遺体が流れ着く場所だったそうです。

松　長　昔は、山に納めたり、川に流したりしたんです。そうした所が次第に聖地になっていき、みんなが参拝に行くようになったわけです。

●みんな自分と同じ命でつながっている

小野田　では、次の質問に移らせてもらいます。高野山でもたくさんのお祭りがあると思うのですが、一番興味をもっていらっしゃるのどれですか？

松　長　お祭りというのは神社が行うものですね。高野山は仏教の都やから、全部仏教的な裏付けのある行事となります。たしかに「青葉祭」（六月一五日）というものもありますが、これは戦後にできたものです。

小野田　それは、失礼な質問をしてしまいました。ちなみに、「ろうそくまつり」（万燈供養会。八月一三日）も新しいものなのですか？

松　長　もちろん、そうです。五〇年ぐらいですかな……。

尾　上　昨年（二〇一三）で四〇周年です。

小野田　そうなんですか。

松　長　青葉祭にしても、もともと宗祖降誕会として法要をやっていたものです。それを、のちにお祭りに仕立てただけなんです。

尾　上　在家が定着しはじめたのは明治三九年（一九〇六）で、それまではお坊さんと一部の土産物屋さんしかいなかったです。それに、山規で農業も禁じられていましたから、豊年を祝うという祭りもなかったわけです。

小野田　そうなんですか……勉強不足ですみません。「ろうそくまつり」は、もっと古いもんだと思っていました。

松　長　祭りというのは戦後にできたものがほとんどでしょう。観光のためということで、宗教法人として協力してきた結果生まれたものなのです。

小野田　勉強になりました。では、次の質問に移らせてもらいます。外国人の方がたくさん来られるようになったということもありますので、世界に向けてのメッセージなどをお聞かせ下さい。もちろん、国内に対してもですが。

松　長　一番言いたいのは、頭ではなく、皮膚感覚で高野山のよさを味わって欲しいということです。先ほども言いましたように、高野山は仏教の都で、学問としても一二〇〇年にわたって続けられてきた所です。つまり、思想的なものを大事にしているのです。先ほどの祭りにしても、行事にしても、仏教的な裏付けが必ずあるのです。このような背景があるため、世界に向けた発信力を高野山はもっていると思っています。

単に、感覚的に「素晴らしい場所ですよ」と言うだけじゃなくて、そこからもう一歩進めて、自分たちが生きるためにはどうすればいいのかという問題に対する解決法を仏教がもっているということです。

小野田　神社はどうなんでしょうか。

松　長　神道はもともと日本人の信仰の集合体ですから、自然崇拝やね。それに対して高野山は、自然を崇拝するというのはどういう意味をもっているのかという思想的な裏付けをもっています。人間だけが偉いんじゃなくて、動物、植物とも命がつながっている思想があるのです。

単に、「自然は大事です、自然と共存します」と言うだけじゃなくて、あそこの杉の木も、鳥も、モグラも、みんな自分と同じ命でつながっているのだから、一緒に暮らしていきましょうやという「命のつながり」があるのです。

ヨーロッパ人は、神様に似せて人間がつくられ、人間のために動物植物がつくられたという考え方ですね。それに対して真言密教には、人間と動物植物は同じ命やという思想があります。自然の中に身を置いたときの意味付けが、真言密教のなかにはあるのです。

小野田　なるほど、よく分かりました。

●目からウロコを落とせば

松　長　もう一つ言っておきましょう。高野山に登ってきても、登ってしまったら山に登ってきたという感じがしないでしょ。

小野田　ええ、思わないです。

松　長　というのは、下界を見下ろす所がないからです。山登りは苦しいですよ。それで何が嬉しいのかというと、苦しい思いをして、下界を見下ろして、俺はここまで登ってきたという優越感にひたれるからです。ところが、高野山は八葉の峯に囲まれた盆地だから、それがありません。これが、相手を突き落として自分が優越感にひたるよりも、みんなの中で包まれてともに生きていくという生き方を自然感覚のなかで身に着け、それがすべてのものに生かされているという意識を生んで、自分の周りもすべて仏さまだという感覚をもてる場所だということなんです。それぞれが見分けられるだけの目をもって、金子みすゞが言うところの「みんな違っていていいんだよ」という形、それが高野山なのです。

つまり、均一化しないということです。今までの近代社会は、同じようなものをたくさんつくって豊かになってきましたけれど、もう、これからはそんな時代じゃありません。やっぱり、個別的な価値を見つける時代になってきたわけです。高野山のように、全体に包まれて自分の価値を見いだす生き方というのが必要でしょう。

まず、高野に来てみなさい、そうすれば分かるでしょう、と言えるだけのものがある。なおかつ、そこに思想がある。偉そうに言うんじゃなくて、あなたの生き方に役に立ちますよ、というものが高野山にあるんです。これは大きいですよ。これからは、自分だけが突出して、不要なものを剥ぎ取って生きていくっていう時代じゃないですから。私ぐらいの歳になると分かってくるんです。

小野田　おいくつになられるんですか?

松　長　今年で八五歳（取材時）です。まだ、ボケてないでしょう?（笑）冗談はともかく、高野山という所は面白いですよ。第一段階、第二段階、第三段階と、本当に奥が深い所なんです。

尾　上　そう言えば、松長さんの本に書いてあることですが、死者を弔う所からはじまって、生きる力を見つける所、自分の中の御仏と出会える場所、それが高野山なのですね。

松　長　おっしゃるとおりです。密教というのは秘密の教えではないんです。何も隠していません。あちこちで宝物が発見できる所なんです。宝物を発見するか、気付かないで帰るかはその人次第です。

小野田　見えないのは私たちの目が曇っているから、というわけですね。まさに目からウロコですね。

松　長　そういうこと。（笑）高野山というのは、頭ではなしに、まずは皮膚感覚で味わってほしい所ですね。一神教は純粋を追求して、そうではないものを排除しますけれど、高野山は排除していません。味噌もクソも一緒という感じがありますが、雑多性のほうがエネルギーがあるぞ、ということです。（笑）

小野田　長い時間、ありがとうございました。それにしても、すごいパワーですね。とても八五歳とは思えませんでした。今日は、目からウロコをたくさん落として帰りたいと思います。

インタビューを終えて

松長前管長のお話、いかがであっただろうか。読者のみなさんにお伝えできないのが、お話しになるときの雰囲気である。紙上のことゆえお許しいただきたいが、とても親しみのある表情で、どの質問に対しても分かりやすく答えていただいた。もし、高野山に来られることがあり、偶然にもお見かけすることがあったら、ぜひ「御前《ごぜん》さん」と声を掛けていただきたい。決して、失礼にはならないので。

ところで、このインタビューのなかで出てきた高野山の「祭り」や「行事」について、主なものをここで簡単に紹介させていただくことにする。もちろん、観光面において一助となればという思いからであるが、神聖な行事として長年にわたって続いているものもあるので、これらの時期に高野山に来られた場合は、そのことをふまえて見学していただきたい。

柴燈大護摩供「高野の火まつり」

毎年、三月の第一日曜日、金剛峯寺前の広庭にて、修験者に扮した僧侶たちが盛大に護摩を焚き、その年の霊場開きと招福厄除を祈願するのが柴燈大護摩供で、通称「高野の火まつり」と呼ばれている。

護摩とは、密教で執り行われる修法において、「護摩木」と呼ばれる木や供物を清浄な火にくべながら祈ることで、煩悩を焼却して息災を祈願するもので

ある。通常は寺院内の専用の壇と炉を設えた護摩堂で行われるが、野外で行う場合も多い。その場合は、護摩堂などにある仏具を用いず、柴《しば》で壇を成し、燈《ともしび》を灯すという意味で「柴燈護摩《さいとうごま》」と呼んでいる。

高野山では各寺院の境内などでも執り行われているが、一九九六年に西院谷の院内講（寺院の寄り合い）が広庭を利用して大規模な柴燈護摩を企画し、古いお札の焚き上げや「高野山天狗の舞保存会」による天狗太鼓の演舞、そして甘酒の振る舞いなど、酷寒の高野山ならではの冬の祭りとして開催した結果、大評判となり、僧侶だけでなく在家の若者たちも参加するようになった。現在では、春を運ぶ賑やかな祭りとなっている。

宗祖降誕祭「青葉祭」

六月一五日が空海の誕生日である。この日は、空海の師匠である恵果《えか》の師匠である不空三蔵の命日でもあるため、空海は不空の生まれ変わりとする伝説もある。明治期以降、僧侶だけでなく在家の定住者が増えた結果、それまで行われていた祖師の誕生を祝う降誕会《ごうたんえ》という修法に加え、行列を組んで町を練り歩く「祭様式」が一八八四（明治一七）年からはじまった。

その後、大師協会で修法される「降誕会」と同時挙行の形で、一九五一年には全国各地登山風景の仮装行列が行われたり、翌年には「大師音頭」が発表されたりと祭りらしさが追加され、一九五四年から、現在のような各町内会の持ち回りによる大師音頭踊りで練り歩くこととなった。
現在では日本全国から参加する人も増え、一の橋から金剛峯寺前の広庭まで、稚児大師像を祀る「花御堂」を先頭に、散華をまく「いろは号」、保育園児による稚児行列、小学校の鼓笛隊、青葉祭の前夜祭のために毎年作成される商工会青年部による奉燈行列（高野山ねぶた）などが、約一キロの行列をつくって賑やかに練り歩いている。

萬燈供養会「ろうそくまつり」

毎年、八月一三日に行われる万燈供養会は夏の高野山最大の観光イベントであり、一の橋から燈籠堂までの奥の院の参道約二キロを約一〇万本のろうそくで荘厳な光の道として、数万人の参拝者が、先祖をはじめとして奥の院に眠るすべての御霊を供養している。元の灯火は高野山で約一〇〇〇年間消えずに守られている聖燈であり、参拝者がそれぞれ分火して参道に灯していく。

実は、この祭りの起源は意外に新しく、一九七四年からである。青少年団体の集合体である「高野町青少年団体連絡協議会」

万燈供養会（写真提供：中村光観）

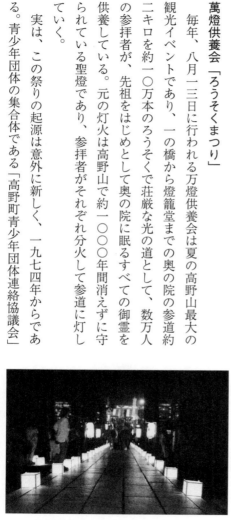

（以下、青連協）の当初企画では、「お盆に帰省する同級生たちと一緒に奥の院に光の道を荘厳する」という、およそ観光イベントとは無縁のものであった。当初は火災の心配から実現が危ぶまれたが、青連協のメンバーが徹夜で火の用心をするという条件で開催にこぎ着けたところ、またたく間に評判となり、高野山の夏の風物詩となった。

とはいえ、皮肉なこともある。年ごとに規模が拡大したため、青連協のメンバーは準備と管理に追われ、同級生どころか家族と一緒にさえ参道を歩くことがかなわず、「四〇歳で青連協を卒業したら、子どもと一緒に歩きたい」というのが合い言葉になってしまった。しかし、メンバーが四〇歳をすぎるころ、悲しいかな、子どもたちの多くは親とではなく友達同士で参加しているのが現状である。

秋の餅まき

年間に行われる餅まきの回数が多いため、和歌山県を「餅まきの聖地」と呼ぶ人さえいるようだが、そのなかでも高野山で行われる餅まきは群を抜いて多い。一〇月などは、ほとんど毎日どこかで餅まきが行われていると言っても過言ではないだろう。これは、弘法大師や千手観音、稲荷、辨天、金比羅、地蔵、山の神、鬼子母神など、各神仏を祀る「講」や各町内会、寺院がそれぞれ餅まきを行うからである。

言うまでもなく、餅は保存食である。しかし、高野山では稲作ができなかったので、普段はキビ餅、アワ餅、ボロ餅（粳《うるち》と糯《もちごめ》を半分ずつ混ぜたもの）をついていたのだが、祝いと布施行の意を込めて白餅が盛大にまかれたという。この行事は高野山内にとどまらず、周辺集落でも盛んに行われており、町内会や各集落の餅まきの日は、重ならないように異なる日が設定されている。

ここで取り上げた高野山の祭り（行事）はごく一部であるが、これらにあわせて、ゆっくりと訪れて欲しい所、それが高野山である。総じて、日本人の旅行は忙しいようだ。とくに、世界遺産ツアーともなると、一つでも多くの世界遺産を「見る」企画が人気を集めているという。最近では、外国人の団体旅行も多くなったせいか、この手の企画が増えており、関空に到着後、奈良のダイヤモンドシティで買い物をして高野山に泊まり、翌日の昼食を姫路城でとって、宿泊は安芸の宮島という凄まじい旅程も登場している。

みなさんは、ナショナル・ジオグラフィックのトラベル誌である「NATIONAL GEOGRAPHIC TRAVELER」（二〇一四年一二月／二〇一五年一月号）で、「二〇一五年に訪れるべき世界のベスト20の場所」の一つに、日本で唯一高野山が選ばれていることをご存じだろうか。こんなにも誉れ高い所に弾丸旅行で訪れるというのは、「もったいない」としか言いようがない。

とはいえ、高野山でお寺に泊まるということに抵抗感をもつ人もいるだろう。いわゆる「宿坊」であるが、特段厳しい制約があるわけではない。昭和時代の「大広間で雑魚寝」という形式はすでになく、部屋の設備も完備されており、室内だけを見ると和風旅館と同等以上である。トイレ付の部屋はもちろん、家族風呂まで完備しているお寺も多いので、宿泊費も含めて気軽に問い合わせていただきたい（巻末の宿坊一覧を参照）。

提供される料理はもちろん精進であるが、酒類に関しての規制はなく、昔から日本酒を「般若湯」と呼んでいる高野山、ビールを「泡般若」「麦般若」などと呼んで小僧さんがオーダーを受けてくれる。もちろん、夕食を寺の外にある料理店で不精進を食べることも自由だし、朝の「勤行」も決して強制されたものではない。

しかし筆者としては、高野山に泊まったからには、静かな座敷で落ち着いて精進料理をいただき、翌朝は本堂にて勤行に参加して住職の法話によって心が洗われてこそ、記憶に残る旅になるのではないかと思っている。そして、朝食後、奥の院の参道を一の橋から奥の院御廟までゆっくりと散策し、午後は壇上伽藍や霊宝館を丹念に拝観していただきたい。そうすることによって、修行体験として「写経」や「阿字観」に取り組もうとする心の余裕も生まれるのではないだろうか。

写経は、文字どおりお経を筆で書写することであるが（高野山では般若心経が多い）、最近では薄く文字が印刷された和紙に筆ペンでなぞる形式も多く、初めての人でも取り組みやすいものになっている。字の上手下手ではなく、いかに心を込めて書写するかが肝要で、金剛峯寺をはじめとする各寺院では、僧侶の指導のもと行うプログラムが用意されている。

阿字観とは、大日如来を表す「阿」の字を観相する瞑想法のことで、日常でもできる呼吸法からはじまり、さまざまな段階の瞑想法が用意されている。こちらも、僧侶の指導のもと行われている。自分の中の仏を見つめ、やがては全宇宙と一体化する様が観相できるかもしれない。

このように書くと、いかにも厳しく難しそうに思えるかも知れないが、そのような先入観や緊張感から解き放たれるために行うのが写経であり、阿字観であるので、これもまた気軽に内容やスケジュールを各寺院に問い合わせていただきたい。真面目に取り組めば取り組むほど、来山する前よりは軽やかな心で下山できるだろうし、さらに深く、自分の心と向き合うことが可能となるだろう。

世界遺産と「紀伊山地の霊場と参詣道」

小野田真弓

世界遺産設立のきっかけ

世界遺産とは、地球の生成と人類の歴史によって生み出され、過去から現在へと引き継がれてきたかけがえのない宝物を、現在を生きる私たちが、世界中の人々と一緒になって未来へ伝えていこうとする人類共有の遺産のことである。

世界遺産は、正式名称を「世界の文化遺産および自然遺産の保護に関する条約（世界遺産条約）」と言い、一九七二（昭和四七）年にパリで開催された第一七回ユネスコ総会で採択された。

一九六〇（昭和三五）年ごろ、エジプトのナイル川にアスワン・ハイ・ダムが建設されることになり、これによってラムセスⅡ世（ＢＣ一三〇二頃～ＢＣ一二一二・古代エジプト第一九王朝のファラオ）が建てたことで有名なアブ・シンベル神殿などのヌビア遺跡群が水没の危機にさらされた。このとき、ユネスコは「ヌビア遺跡群救済キャンペーン」を展開して世界中に協力を呼び掛けた。この活動によって集まった募金で、約六〇メートル上方の丘に、遺跡を正確に移築させて保護することになった。

これを契機に、人類の歴史が造り上げてきた文化財や地球の自然を、人類にとってかけがえのない宝（遺産）として、国境を越えて「国際的」に保護・保全しようという考えが全世界に広がり、ユネスコの「世界遺産条約」が満場一致で採択されたのである。

心の中に平和のとりでを

ユネスコ憲章の前文には、「（戦争は人の心の中から生じるものだから）地球上に存在している人たちが、これから平和に暮らしていけるように、多様性を認識しあって、心の中に平和のとりでを築かなければならない」（日本ユネスコ協会ホームページ）と謳われている。

筆者は、一九八九年九月から一九九一年七月まで、語学留学のために北京に滞在していた。この間、ルーマニア女性とルームメイトになり、フランス、アメリカ、ロシア、ドイツ、オーストラリアなど、世界中から集まった若者と交流を続けた。ちょうどこのころは、世界を二分していた冷戦の末期で、天安門事件やベルリンの壁の崩壊、ルーマニアのチャウセスク政権の終焉など、世界が大きく揺らいでいたときである。

これらの激変は、留学生たちにも無縁ではなかった。「すぐに帰国しなければならない」、「家族が心配」と右往左往する留学生のなかにいて、「平和ってなんだろう」と強く考えさせられることになった。

戦渦のなかにあっては、人の命や自然、そして文化財といったあらゆるものが破壊される。「人類の宝」として国際的に保全しようというユネスコの提案は、まさしく人の心の中に平和のとりでを築き、平和を拡大推進させる施策として今日においても大きな意味をもち続けている。

世界遺産には、「文化遺産」「自然遺産」「複合遺産」という三つの種類があるが、いずれも資産内容が「他に類例のない固有のもの」であり、「顕著で普遍的な価値があること」が条件となっている。二〇一四年に開かれた第三八回委員会の終了時点における世界遺産リストには一〇〇七件の世界遺産が登録されており、そのうち「文化遺産」が七七九件、「自然遺産」が一九七件、「複合遺産」が三一件となっている。

また、「人類の宝」として登録されながらも、絶滅の恐れのある動植物の生息地などを含む地域、武力紛争、自然災害、大規模工事、都市開発、観光開発、商業的密猟などにより、その普遍的価値を損なうような重大な危機にさらされている物件がある。それらは、「危機にさらされている世界遺産リスト（危機遺産リスト）」として登録されている。

世界遺産に登録されるには、まずその国が「世界遺産条約」を締結することが必要となっている。一九七五年、まず二〇か国が条約締結して発効されているが、それから四〇年後の二〇一五年一月現在、一九一か国が世界遺産条約を締結している。

締結した国は、ユネスコの世界遺産条約に登録したい物件を自国の国内法において保護したのち、世界遺産条約で決められた登録基準に照らし合わせて申請書を作成する。その後、国内で審議されたのちに推薦待ちの候補地として「国内暫定リスト」に記載し、そのなかで条件の整った申請物件から順次ユネスコに申請書を提出することになる。申請書を受け取ったユネスコは、とりあえず「世界遺産暫定リスト」に記載する。

続いて、それぞれの審査機関(「文化遺産」は国際記念物遺跡会議:通称「ICOMOS《イコモス》」。「自然遺産」は国際自然保護連合:通称「IUCN」)において現地調査をしたのち、毎年一回開催される世界遺産委員会で審議され、その物件の内容が条件を満たしていると認められたら正式に「世界遺産リスト」に登録される。登録された物件は、登録後も有効な保存管理がされることも必要条件となっている。つまり、登録後はむやみに改修などができないということである。

日本の世界遺産

わが国が世界遺産条約を批准し、締約国となったのは一九九二年のことである。先進国のなかでは、決して早いスタートではない。その翌年、文化遺産として「法隆寺地域の仏教建造物」と「姫路城」が、自然遺産として「屋久島」と「白神山地」が登録され、二〇一五年現在までに一四件の文化遺産と四件の自然遺産が登録されている(左の表参照)。

243　世界遺産と「紀伊山地の霊場と参詣道」

●文化遺産

・法隆寺地域の仏教建造物（1993年12月・奈良県）
・姫路城（1993年12月・兵庫県）
・古都京都の文化財（1994年12月・京都府）
・白川郷・五箇山の合掌造り集落（1995年12月・岐阜県・富山県）
・原爆ドーム（1996年12月・広島県）
・厳島神社（1996年12月・広島県）
・古都奈良の文化財（1998年12月・奈良県）
・日光の社寺（1999年12月・栃木県）
・琉球王国のグスク及び関連遺産群（2000年12月・沖縄県）
・紀伊山地の霊場と参詣道（2004年７月・和歌山県・三重県・奈良県）
・石見銀山遺跡とその文化的景観（2007年６月・島根県）
・平泉―仏国土（浄土）を表す建築・庭園及び考古学的遺跡群（2011年６月・岩手県）
・富士山―信仰の対象と芸術の源泉（2013年６月・静岡県・山梨県）
・富岡製糸場と絹産業遺産群（2014年６月・群馬県）

●自然遺産

・屋久島（1993年12月・鹿児島県）
・白神山地（1993年12月・青森県・秋田県）
・知床（2005年７月・北海道）
・小笠原諸島（2011年６月・東京都）

（注）世界遺産リストや登録基準などの詳細については、公益社団法人日本ユネスコ協会連盟のホームページ（www.unesco.or.jp /isan /）を参照。

「紀伊山地の霊場と参詣道」の特徴と特異性

紀伊半島は本州最大の半島で、日本列島のほぼ中央に位置している。その大部分は標高一〇〇〇〜二〇〇〇メートルの山脈が連なる山地であり、年間三〇〇〇ミリを超す雨によって豊かな森林地帯が生まれ、その深い森には清冽な河川が流れ、生き物たちを育むとともに神々が鎮まる特別な地域として、有史以前から自然信仰の対象となってきた。

この自然エリアを修行の場として修練を積む修験道が起こり、のちに大陸から伝わった仏教もこの地を修行の場として活用するようになった。やがて「神仏習合」という日本固有の思想が生まれ、その精神性が大衆のなかに深く根付いていった。神と仏の名称を兼ね備えた熊野三山の本尊が、一〇〇〇年の時を超えて揺るぎなく信仰の対象となってきたことがそれを証明している。

一つの神だけを信奉すれば他の神の存在は許せないものとなるわけだが、神と仏《ほとけ》を両立させても違和感のないという思想は、世界遺産登録を機に世界の人々の注目を浴びることになった。先にも説明したように、日本の代表的な仏教の聖地である高野山に開祖空海が勧請した地主神を祀る御社《みやしろ》があるわけだが（一〇八ページ参照）、創建当初から神と仏を両立させていたことに驚く外国人も多い。事実、高野山にはヨーロッパ各地からたくさんの人が訪れるようになっている。宗教の違いが戦争のきっかけになってきたこれまでの歴史を振り返り、平和を願う世界の人々にとっても紀伊山地のあり方が希望の象徴となっているのだろう。

紀伊山地には、「吉野・大峯」「高野山」「熊野三山」という三つの山岳霊場があり、いにしえより全国から人々が訪れ、参詣道が生まれた。なかでも、「熊野古道」と呼ばれている「熊野参詣道」は、上皇貴族から武士、庶民に至るまで多くの人々の足跡が残っている。二〇一四年現在、「道の世界遺産」はスペインの「サンティアゴ巡礼路」と「紀伊山地の参詣道」以外にも四件が登録されているが、わが国のそれには、川の巡礼道（熊野川）や公衆浴場として初の世界遺産になった湯峯温泉などもあり、大変ユニークな世界遺産となっている。「道」は人々が行き交い、文化を運ぶ。言うまでもなく、文化は平和な状態のなかで発展するものであり、戦争とは相容れない。

話は前後するが、二年間の語学留学を終えて中国から帰国した筆者は、しばらく大阪で働いたあと一九九五年の夏に和歌山に帰っている。文化についてのワークショップなどで仲間と語り合う過程で、「熊野古道を世界遺産に」という声が高まってきた。熊野古道が世界遺産になれば世界平和に大きく貢献できるのではないか、という想いが筆者のなかで次第に強くなっていった。

そして一九九七年八月、「熊野古道を世界遺産に登録するプロジェクト準備会」を立ち上げ、積極的に自治体や文化庁などに働き掛けを行うことにした。同じ想いの人々がどんどん増えて官民一体となり、こだまのように呼応しながら世界遺産登録にこぎ着けられたことは本当に幸せであった。関係者とともにその知らせを受けた瞬間のことを、今でも鮮明に覚えている。

とはいえ、「問題」となることもたくさんある。まずは、世界遺産登録によって観光客が飛躍的に増大したわけだが、世界遺産の思想を観光で訪れた人々に理解していただくためには何をしたらよいのか、ということである。これは重要な課題でもある。何故なら、思想を理解することなくこの地を歩き回ると、自然破壊などといったモラルの面において歯止めがきかなくなるからである。かつては豊かな自然と文化を育んでいた照葉樹林の大半が人工林に切り替わっているという事実、しかも放置林となっているエリアも少なくないことを考えると、その重要性はさらに高まる。

そしてもう一つ、世界遺産の保全と活用は最終的には地元住民の肩にかかってくるわけだが、地元の人々にとっては、当たり前すぎて「世界の宝という実感が湧かない」という声が聞かれるのも実情である。地元の人々の理解と情熱を喚起する方策を講じていく必要があるのだが、経済活動が優先されている現在の日本においては決して簡単なことではない。

このような課題を残している紀伊山地は、和歌山県・三重県・奈良県にまたがる広大なエリアである。自然に依拠した日本固有の信仰と文化を育んだ地を保全し、活用していくために、三県の垣根を越えた交流をいっそう深めつつ、全世界の人々とも協同して「人類の宝」を子々孫々に伝えていかなければならない。微力とはいえ、われわれ「和歌山県世界遺産マスター」も、その目的のために今後も活動を続けていきたい。

あとがき

「高野山を世界遺産マスターの目を通して紹介する」というのが本書の意図である。しかしながら、世界遺産に指定される前から高野山について書かれた書籍やガイドブックは数多く出版されており、密教の専門書なども含めるとすでに語り尽くされているのではないかという思いもあった。また、われわれ世界遺産マスターも、それらの何冊かを参考にして学んできたわけであり、いったい何を切り口にするのかと大変悩みもした。

そんななか、高野山で生まれ育ち、学生生活と他県での修行時代の数年間を除くと、ほぼ半世紀を過ごしたこの土地で普段感じていること、つまり「現在の高野山の参詣・観光についての不安」を切り口にしてはどうだろうかと思い至った。

現在の高野山は、世界遺産として注目を浴びたことから観光客は増えているが、信仰心をもって訪れる参詣人は減少傾向にある。また、アクセスするための道路が整備されるにつれ、ほかのエリアにも足を延ばせるようになったことから、宿泊客よりも日帰り客のほうが多くなった。

普段は堂宮大工を生業としている筆者だが、世界遺産マスターとしてガイドを依頼されたときには、「高野山は必殺技が多すぎるのです」と観光客に話すことが多い。「見所」と言っては語弊があるが、心の琴線に触れる場所が多すぎるために、日帰りの場合「大門を見て伽藍に行き、奥の院へ参ったら次の観光地へ」というようなスケジュールを組む人が多く、一か所にとどまってじっくりと自分の心の中の仏性を感得する……というような時間の過ごし方が逆に難しくなっている。

もちろん、奥の院の御廟の前で正座をして、般若心経を何度も読経されているという人も見かけるが、多くの観光客はそれを珍しそうに眺めながら通りすぎてゆくといった光景が一般的なものとなっている。一二〇〇年という時間を「信仰」とともに過ごしてきた山が、世界遺産に指定された途端、ただ通りすぎるだけの観光地になってしまっては本末転倒としか言いようがない。

そこで本書では、自分なりに学び経験してきた「神と仏《ほとけ》」の関係、そして高野山がもつ「出家と在家」「聖と俗」「過去と未来」、さらに「生と死」さえもが両立する世界観の一端を紹介させていただくことにした。もとより浅学非才の素人のことゆえ、誤解・曲解をはじめとして言葉足らずという箇所もあったかと思う。だからこそ、ぜひ来山されて、ご自分の目と心でじっくりと体感していただき、ご自分の高野山、ご自分の仏性を見つめていただきたいと願っている。

この原稿を書き進める日々は、一七二年ぶりに再建の運びとなった伽藍の中門工事に取り組む日々でもあった。一二〇〇年の歴史を振り返りつつ鎌倉時代の建物を再現し、未来へ送るという作業は呻吟《しんぎん》もしたが、感謝の気持ちに包まれた幸せな時間だったと今改めて思っている。再建された中門あたりで、読者のみなさんにお目にかかれることを楽しみにしている。

本書の執筆においてはたくさんの方にお世話になりました。快くインタビューに応じていただきました松長有慶前管長猊下をはじめとして、コラムの執筆などを通して私をサポートしてくれた和歌山県世界遺産マスターの方々、そして高野町にお住まいのみなさま、お名前は省略させていただきますが本当にありがとうございました。また、遅々として進まない私の原稿を辛抱強く待っていただいた株式会社新評論の武市一幸さんと、本書の編集作業を行った細谷昌子（和歌山県世界遺産マスター一期生）さんに感謝申し上げて筆を置きます。

二〇一五年　二月

尾上恵治

参考文献一覧

・空海『定本弘法大師全集』高野山大学密教文化研究所、一九九一年。
・翕野清子『続高野春秋』高野山出版社、一九五九年。
・五来　重『増補＝高野聖』角川選書、一九七五年。
・松長有慶『密教――インドから日本への伝承』中央公論新社、二〇〇一年。
・松長有慶『理趣経』中央公論新社、二〇〇二年。
・松長有慶『密教とはなにか――宇宙と人間』中央公論社、一九九四年。
・日野西真定『高野山民族誌（奥之院編）』佼成出版社、一九九〇年。
・山折哲雄『宗教の力』ＰＨＰ研究所、一九九九年。
・山折哲雄『仏教民俗学』講談社、一九九三年。
・中村　元『大乗仏教の思想』春秋社、一九九五年。
・中村　元・保阪俊司『「老いと死」を語る』麗沢大学出版会、二〇〇〇年。
・梅棹忠男『文明の生態史観』中央公論社、一九九八年。
・鎌田東二『宗教と霊性』角川書店、一九九五年。
・宮坂宥勝『仏教語入門』筑摩書房、一九八七年。
・宮坂宥勝・梅原猛『清明の海〈空海〉』角川書店、一九九六年。

・山陰加春夫『中世高野山史の研究』清文堂出版、一九九七年。
・山陰加春夫『中世寺院と「悪党」』清文堂出版、二〇〇六年。
・村上保壽・山陰加春夫『高野への道――いにしへ人と歩く』高野山出版社、二〇〇一年。
・村上保壽『空海　日本人のこころの言葉』創元社、二〇〇九年。
・村上保壽『高野山開創の意義』高野山真言宗布教研究所、二〇一〇年。
・武内孝善『弘法大師　伝承と史実――絵伝を読み解く』朱鷺書房、二〇〇八年。
・末木文美士『中世の神と仏』山川出版社、二〇〇三年。
・山口文章『新・高野百景』（其の壱～其の参）教育評論社、二〇〇七年。
・松山　健『高野山　町石道　語り部の小箱』実費頒布、二〇〇五年。
・松田文夫『高野山三派資料』（実費頒布）一九九九年。
・松田文夫『近世・幕藩体制と高野山』（実費頒布）二〇〇一年。
・遠藤　徹『天野社舞楽曼荼羅供』岩田書院、二〇一一年。
・加藤楸邨・陳舜臣・白洲正子『高野山物語』世界文化社、一九八九年。
・中川委紀子『根来寺を解く――密教文化伝承の実像』朝日新聞出版、二〇一四年。
・司馬遼太郎『空海の風景』中央公論社、一九七五年。
・司馬遼太郎『街道をゆく「高野山みち」』朝日新聞社、二〇〇五年。
・正木　晃『密教的生活のすすめ』幻冬舎、二〇〇七年。

	民間初の博物館の霊宝館建立。
1925（　14）	大師教会の大講堂建立。
1926（昭和元）	金堂焼失、秘仏の阿閦如来像など七体も。
1934（　9）	弘法大師御遠忌1100年大法会。
	防火のため鉄筋コンクリートで金堂・大塔再建。
1941（　16）	太平洋戦争開始。
1945（　20）	原爆投下。終戦。
1964（　39）	開創1150年記念大法会、奥の院燈籠堂建立。
1983（　58）	孔雀堂再建。
1984（　59）	弘法大師御遠忌1150年大法会、東塔再建。
2004（平成16）	紀伊山地の霊場と参詣道、世界文化遺産に登録。
	御社、遷宮。
2009（　21）	開創1200年に向けて、奥の院燈籠堂改修。
2015（　27）	開創1200年記念大法会、４月２日、中門くぐり初め。

1703（　　16）	大門の金剛力士像、阿行像を高野山大仏師、康意が、吽行像を運長が造立。
1705（宝永２）	大門再建落慶。
1773（安永２）	朝廷からの寄付で一～四町石再建。
1809（文化６）	南谷より出火、中門、六角経蔵、愛染堂、大会堂、勧学院、三昧堂、東塔が類焼。
1834（天保５）	西塔再建。
1843（　　14）	壇上伽藍大火。伽藍宝蔵より出火、西塔以外の、御影堂、中門など諸堂十四棟焼失。
1847（弘化４）	御影堂再建、現在に至る。
1860（万延元）	青巌寺焼失。
1865（慶応元）	開創1050年記念大法会。青巌寺再建。
1867（　　３）	大政奉還。
1868（明治元）	神仏分離令・廃仏毀釈運動起こる。
1869（　　２）	青巌寺と興山寺を合併して金剛峯寺とする。
	学侶・行人・聖を廃す。
1871（　　４）	廃藩置県。
1872（　　５）	女人禁制を解く。
1883（　　16）	准胝堂再建。
1884（　　17）	弘法大師御遠忌1050年大法会。
	明治天皇より大塔再建のため下賜金。
1888（　　21）	大火により全山ほぼ焼失。
	寺院の統廃合。商家が建ち並び始める。
1894（　　27）	高野山営林署長夫妻に、山内初の女児誕生。
	日清戦争。
1904（　　37）	日露戦争。
1915（大正４）	開創1100年記念大法会。

1521（永正18）	大火により伽藍、寺院焼失。
1522（大永２）	御社、再建。
1549（天文18）	宣教師ザビエル、薩摩に上陸。
1569（永禄12）	宣教師フロイス、織田信長と会う。
1573（天正元）	足利幕府滅亡。
1581（　　９）	織田信長、高野聖1383人を捕らえ、斬殺。高野攻め開始。
1582（　　10）	本能寺の変。
1583（　　11）	応其、御社の屋根替えと彩色の修理を行う。
1585（　　13）	豊臣秀吉、応其と和議を結ぶ。秀吉、関白に。
1590（天正18）	秀吉、応其のために興山寺を建立。
1593（文禄２）	興山寺の東隣に青巌寺建立。
1594（　　３）	秀吉、参詣。
1595（　　４）	豊臣秀次、青巌寺にて自害。
1599（慶長４）	島津義弘・忠恒、朝鮮役敵味方戦死者供養碑を奥の院に建立。
1603（　　８）	徳川家康、征夷大将軍に。
1606（　　11）	聖に高野山へ帰入の幕命。
1614（　　19）	大坂冬の陣。
1615（元和元）	聖に高野山へ帰入の幕命。大坂夏の陣。
1618（元和４）	福島正則、「六時の鐘」鐘楼堂建立。
1630（寛永７）	大塔に落雷、伽藍諸堂・寺院類焼。
1635（　　12）	福島正則次男正利、焼失した六時の鐘堂宇再建。
1664（寛文４）	キリスト教禁教令。檀家制度。
1684（貞享元）	弘法大師850年御遠忌にて、飛行三鈷の内覧公開。

1207（建永２）	後鳥羽院、高野山参詣。
1208（承元２）	天野社に気比明神と厳島明神を勧請。
1211（建暦元）	北条政子、禅定院を建立。
1223（貞応２）	高野山に幕府直轄の禅寺、金剛三昧院建立。
1230（寛喜２）	大門、五間二階の楼門に変更。
1237（嘉禎３）	大門二金剛王像造立。湛慶父子作。
1253（建長５）	中門、五間二階の楼門形式に。
1266（文永３）	町石、建立開始。
1274（　11）	元寇、文永の役。
1281（弘安４）	元寇、弘安の役。
1284（　７）	幕府、和泉国近木荘の地頭方を寄進。
1285（　８）	町石、完成。
1290（正応３）	朝廷、和泉国近木荘の国方を寄付。
1313（正和２）	後宇多院、町石道を徒歩で登り参籠。
1333（元弘３）	鎌倉幕府滅亡。
1334（建武元）	後醍醐天皇御願、愛染堂建立。
	建武の中興。
1336（延元元）（建武３）	後醍醐天皇、吉野に南朝を開く。
1338（　３）（暦応元）	足利尊氏、征夷大将軍に。
1389（康応元）	足利義満、登山参詣。御影堂内陣にて飛行三鈷杵を披見、熟覧し自ら箱に封印を加える。
1392（明徳３）	足利義満、二度目の登山参詣。
	南北朝合一。
1406（応永13）	二者対立して議論の勝敗を争う竪精論議始まる。

1088（寛治２）	白河上皇、高野山に参詣。
1091（　　５）	白河上皇、再度参詣し、奥の院御廟前に法華経、理趣経を埋納。
1093（　　７）	小田原聖教懐上人、没。
1124（天治１）	鳥羽上皇、高野山に参詣。
	覚法法親王、未整備の町石道を辿って参詣。
1127（大治２）	白河・鳥羽両上皇、参詣し、東西両塔落慶供養に臨席。
1140（保延６）	大門の前身鳥居から二階三間の楼門に変更。
	覚鑁、高野山を下り、根来寺に退く。
1141（永治元）	大門二天王像造立（作者不詳）。
1149（久安５）	大塔に落雷、御影堂以外伽藍諸堂類焼。
	２か月後再建に着手（再建奉行平忠盛）。
1156（保元元）	大塔落慶（再建奉行平清盛）。保元の乱。
1159（平治元）	美福門院、六角経蔵建立。金泥一切経を納め荒川庄を寄進。平治の乱。
1160（永暦元）	美福門院の遺骨、菩提心院に納める。
1169（仁安４）	後白河上皇、高野山に参詣。
1171（承安元）	慈尊院、焼失。
1175（　　５）	五辻斉院、蓮華乗院を建立し、長日不断談義所とし、南部庄を寄進。
1177（安元３）	西行、蓮華乗院を壇上に移建。
1187（文治３）	重源、東大寺大仏殿勧進に赴く。
1192（建久３）	頼朝、征夷大将軍に。
1195（　　６）	明遍、蓮華三昧院を創建。
1198（　　９）	行勝、八条女院御願の一心院本堂（不動堂）を建立。
1200（正治２）	後鳥羽院御願の孔雀堂建立。

高野山関連略年表（主な社会事象を含む）

816（弘仁７）	空海に高野山下賜さる。
817（　　８）	高野山開創に着手。
819（　　10）	中門、鳥居として建立。
821（　　12）	空海、四国讃岐の満濃池を築く。
822（　　13）	天台宗開祖最澄、没。
823（　　14）	空海、東寺を賜り教王護国寺と号す。
828（天長５）	空海、綜芸種智院を創設。
832（　　９）	空海、高野山万燈万華会を行う。
835（承和２）	空海、没（入定）。
838（　　５）	金堂完成。
847（　　14）	中門造立。
886（仁和２）	西塔造立。
887（　　３）	伽藍、完成。
891（寛平３）	空海の甥で高野山２世の真然大徳、没。
919（延喜19）	観賢、金剛峯寺座主となり、東寺一長者の兼務とする。
921（　　21）	空海に弘法大師の諡号を賜う。
952（天暦６）	奥の院廟塔雷火により焼失。
994（正暦５）	大塔に落雷、大火。高野山検校雅真、天野を高野山の仮所とする。
1016（長和５）	祈親上人、高野山に入り復興に着手。奥の院燈明料の勧進開始。
1023（治安３）	藤原道長、高野山に参詣。
1048（永承３）	藤原頼通、高野山に参詣。
1086（応徳３）	白河院、院政開始。

宿　坊	住　所	TEL	本　尊
明王院《みょうおういん》	高野町高野山146	56-2106	「絹本着色不動明王二童子像一幅」
無量光院《むりょうこういん》	高野町高野山611	56-2104	阿弥陀如来
桜池院《ようちいん》	高野町高野山293	56-2003	阿弥陀如来（秘仏）
龍光院《りゅうこういん》	高野町高野山147	56-2105	大日如来（一身四面）
龍泉院《りゅうせんいん》	高野町高野山647	56-2439	薬師如来
蓮花院《れんげいん》	高野町高野山399	56-2017	阿弥陀如来
蓮華定院《れんげじょういん》	高野町高野山700	56-2233	阿弥陀如来

＊高野山に来られると、宿坊での宿泊も楽しみの一つ。庭園などを鑑賞したあと、ゆっくりとお風呂に入り、各宿坊自慢の精進料理を楽しんでください。お酒やビールなども、般若湯・麦般若としていただくことができます。そして翌朝、本堂での早朝勤行に参加されるのもいいでしょう（参加自由）。

宿泊のお申し込みは下記、もしくは各宿坊にご連絡をしてください。一泊二食付で、税込み9,720円からです。

一般社団法人高野山宿坊協会・有限会社高野山参詣講

（和歌山県知事登録 国内旅行業 第3-244号）

住所：〒648-0211　和歌山県伊都郡高野町高野山600番地
（高野山宿坊協会内）

TEL：0736-56-2616 / FAX.0736-56-2889

営業時間：8：30～16：30

宿　坊	住　所	TEL	本　尊
親王院《しんのういん》	高野町高野山144	56-2227	不動明王
赤松院《せきしょういん》	高野町高野山571	56-2734	十一面観世音菩薩
総持院《そうじいん》	高野町高野山143	56-2111	阿弥陀如来
増福院《ぞうふくいん》	高野町高野山339	56-2126	天弓愛染明王
大円院《だいえんいん》	高野町高野山594	56-2009	阿弥陀如来
大明王院《だいみょうおういん》	高野町高野山482	56-2521	大聖不動明王
高室院《たかむろいん》	高野町高野山599	56-2005	薬師如来（秘仏）阿閦如来
天徳院《てんとくいん》	高野町高野山370	56-2714	山越の阿弥陀如来
南院《なんいん》	高野町高野山680	56-2534	浪切不動明王
西室院《にしむろいん》	高野町高野山697	56-2511	稚児不動明王（秘仏）
巴陵院《はりょういん》	高野町高野山702	56-2702	阿弥陀如来
福智院《ふくちいん》	高野町高野山657	56-2021	愛染明王
普賢院《ふげんいん》	高野町高野山605	56-2131	普賢菩薩
不動院《ふどういん》	高野町高野山456	56-2414	不動明王
普門院《ふもんいん》	高野町高野山608	56-2224	金剛界大日如来
遍照光院《へんじょうこういん》	高野町高野山575	56-2124	阿弥陀如来・柿不動尊
遍照尊院《へんじょうそんいん》	高野町高野山303	56-2434	両界大日如来
報恩院《ほうおんいん》	高野町高野山283	56-2350	金剛界大日如来
宝亀院《ほうきいん》	高野町高野山294	56-2018	十一面観音菩薩
宝城院《ほうじょういん》	高野町高野山156	56-2431	金剛界大日如来（秘仏）
宝善院《ほうぜんいん》	高野町高野山568	56-2658	観世音菩薩（宝観音）
本覺院《ほんがくいん》	高野町高野山618	56-2711	不動明王（秘仏）
本王院《ほんのういん》	高野町高野山610	56-2134	聖観世音菩薩
密厳院《みつごんいん》	高野町高野山479	56-2202	大日如来

高野山の宿坊一覧（アイウエオ順・市外局番は「0736」）

宿　坊	住　所	TEL	本　尊
安養院《あんにょういん》	高野町高野山412	56-2010	金剛界大日如来
一乗院《いちじょういん》	高野町高野山606	56-2214	弥勒菩薩
恵《え》光院《こういん》	高野町高野山497	56-2514	阿弥陀如来
北室院《きたむろいん》	高野町高野山470	56-2059	阿弥陀如来
熊谷《くまがい》寺《じ》	高野町高野山501	56-2119	阿弥陀如来
光臺院《こうだいいん》	高野町高野山649	56-2037	阿弥陀如来
光明院《こうみょういん》	高野町高野山493	56-2149	阿弥陀如来
金剛三昧院《こんごうさんまいいん》	高野町高野山425	56-3838	愛染明王
西禅院《さいぜんいん》	高野町高野山154	56-2411	阿弥陀如来
西南院《さいなんいん》	高野町高野山249	56-2421	金剛界大日如来、大元帥明王（秘仏）
三宝院《さんぼういん》	高野町高野山580	56-2004	大日如来
西門院《さいもんいん》	高野町高野山447	56-2031	阿弥陀如来
地《じ》蔵院《ぞういん》	高野町高野山573	56-2213	地蔵菩薩
持明院《じみょういん》	高野町高野山455	56-2222	延命地蔵菩薩（秘仏）
釈《しゃ》迦《か》文院《もんいん》	高野町高野山349	56-2639	金剛界大日如来
常喜院《じょうきいん》	高野町高野山365	56-2321	小安延命恵宝地蔵菩薩
清浄心院《しょうじょうしんいん》	高野町高野山566	56-2006	二十日大師
成就院《じょうじゅいん》	高野町高野山330	56-2430	地蔵菩薩
正智院《しょうちいん》	高野町高野山159	56-2331	阿弥陀如来三尊
上池院《じょうちいん》	高野町高野山476	56-2318	大日如来
成福院《じょうふくいん》	高野町高野山593	56-2109	大随求明王

協力執筆者紹介（アイウエオ順）

小野田真弓（おのだ・まゆみ）

1965年生まれ。和歌山県世界遺産マスター１期生（高野・熊野地域とも）。派遣社員。

1997年から月に１回開催している「熊野古道ウォーキング」（約200回となる）を続けている。「紀伊山地の霊場と参詣道」の追加登録準備に携わる。

築山省仁（つきやま・しょうじ）

1955年生まれ。和歌山県世界遺産マスター１期生。公務員（嘱託）。

2014年、和歌山県がジオパークに認定されると同時にジオパークガイドに合格し、紀南エリアを中心に、ジオサイトの掘り起こし、ツアー企画、ジオ弁当・スイーツの開発を手掛ける。また、ジオ的な解説を加えて、以前に歩いた大辺路の案内ツアーを完了し、今は紀伊路ツアーを藤白坂から南下中。今後は古座街道（全長65km）の調査を兼ねて全行程の踏破を目指している。

三木真由美（みき・まゆみ）

1975年生まれ。和歌山県世界遺産マスター３期生。

民間団体のスタッフとして、幼稚園「こども園ほしの子」を紀ノ川市に設立し、運営スタッフとして働く。幼稚園のほか、０歳から３歳までの乳幼児を対象とした親子クラス、大人の学びのクラスを運営しながら、仲間とともに小学校の設立を目指している。現在、日本の季節の行事や祝祭を子ども達に伝える取り組みをしており、「紀伊山地の霊場と参詣道」での学びは日本人の霊性を考えていくうえで土台となっている。

八幡能之（やはた・よしゆき）

1983年生まれ。和歌山県世界遺産マスター２期生。システムエンジニア

信仰、自然、風土、歴史、地理、観光など地誌から興味を受けて、フィールドに出掛けるのが生きがい。最近では、世界遺産マスターの傍ら、出身地である和歌山県海南市の一部である旧下津町地域の歴史や文化をインターネットで発信する活動を行ったりしている。また、旧下津町にある加茂郷駅から、和歌山県ではあまり見かけない「加茂」のキーワードを頼りに、自身のホームページを立てて、地誌学や郷土史などの先行研究も合わせて取り組んでいる。独自の想像と歴史を織り交ぜて、紀伊国加茂谷の過去から未来への道のりを紹介できるように全力疾走中。

著者紹介

尾上恵治（おのうえ・けいじ）

1960年生まれ。世界遺産マスター第２期生。堂宮大工・一級建築士・一級土木施工管理技士・特殊建築物調査資格者・和歌山県文化財保護指導委員・金剛峯寺境内案内人

高野山にて、各種文化財や金剛峯寺をはじめとする各塔頭寺院の保存・修理工事に携わる一方、世界遺産マスターとして、町石道等の保全作業やガイドおよび講演を行い、高野山の魅力を発信し続けている。

1200年開創法会記念事業である伽藍中門再建工事では、高野霊木の調達から始まり、完成まで中心的役割を果たした。その他、携わった主な仕事として以下のものがある。

重文金剛峯寺籠塀修理工事・金剛峯寺大主殿屋根替工事・金剛峯寺応接間新築工事・重文上杉謙信霊屋修理工事・重文佐竹義重霊屋営繕工事・県文不動院書院営繕工事・県文普賢院四脚門営繕工事・普賢院摩尼殿新築工事・恵光院本堂新築工事・奥之院燈籠堂営繕工事・奥之院納骨堂屋根替工事・奥之院御廟屋根替工事

世界遺産マスターが語る高野山

―自分の中の仏に出逢う山―

（検印廃止）

2015年３月25日　初版第１刷発行

著　者　尾　上　恵　治

発行者　武　市　一　幸

発行所　株式会社　新　評　論

〒169-0051
東京都新宿区西早稲田３-16-28
http://www.shinhyoron.co.jp

電話　03(3202)7391
FAX　03(3202)5832
振替・00160-1-113487

落丁・乱丁はお取り替えします。
定価はカバーに表示してあります。

印刷　フォレスト
製本　中永製本所
装幀　山田英春

Printed in Japan
ISBN978-4-7948-1004-5

新評論　好評既刊書

ガイドはテイカ（定家）、出会ったのは……

細谷昌子

熊野古道　みちくさひとりある記

限りない魅力に満ちた日本の原壕・熊野への道を京都から辿り、人々との出会いを通して美しい自然に包まれた熊野三山の信仰の源を探る旅の記録。

[A5 並製　368 頁　3200 円　ISBN4-7948-0610-8]

表示価格は本体価格（税抜）です。

新 評 論　好 評 既 刊 書

『遠くへ行きたい』（よみうりテレビ・日本テレビ系）
プロデューサー　村田　亨氏（テレビマンユニオン）推薦！

細谷昌子

詩国へんろ記

八十八か所ひとり歩き　七十三日の全記録

全長 1400 キロにわたる四国霊場巡りで得た心の発見。「自分の中には自分でさえ気付かない人類の歴史が刻まれて眠っている。」

[A5 並製　416 頁　3200 円　ISBN4-7948-0467-9]

表示価格は本体価格（税抜）です。

新評論　好評既刊書

熊野の森ネットワークいちいがしの会 編
吉田元重・玉井済夫監修

明日なき森

カメムシ先生が熊野で語る……
後藤伸講演録

紀伊半島の自然相から、私たちが自然と付き合う方途が見えてくる！
熊野の森に半生を賭けた生態学者の講演録。

[A5 並製　296 頁+カラー口絵 8 頁　2800 円
ISBN978-4-7948-0782-3]

写真文化首都「写真の町」東川町　編
清水敏一・西原義弘　執筆

大雪山

神々の遊ぶ庭《カムイミンタラ》を読む

北海道の屋根「大雪山」と人々とのかかわりの物語。忘れられた逸話、知られざる面を拾い上げながら、「写真の町」東川町の歴史と今を紹介。

[四六上製　376 頁+カラー口絵 8 頁 2700 円
ISBN978-4-7948-0996-4]

表示価格は本体価格（税抜）です。